W0307745

Gebrauchsanweisung
für Genua und die Italienische Rivera

Dorette Deutsch

Gebrauchsanweisung für Genua und die Italienische Rivera

Piper München Zürich

Das Zitat auf S. 66 stammt aus: Umberto Eco, »Wie man mit einem Lachs verreist und andere nützliche Ratschläge«.
Aus dem Italienischen von Günter Memmert und Burkhart Kroeber.
© 1994 Carl Hanser Verlag, München–Wien

ISBN 3-492-27531-1
© Piper Verlag GmbH, München 2004
Gesamtherstellung: Clausen & Bosse, Leck
Printed in Germany

www.piper.de

Inhalt

Vorwort

Die beiden Rivieren, *le due Riviere*, sagt man in Genua, wenn man vom Meer aus nach Osten zur Costa di Levante und nach Westen zur Costa di Ponente blickt. Zwei umgekehrte Halbmonde mit einem Streifen Land zwischen Erde und Meer machen den schmalen Landstrich Ligurien aus. Vielleicht gibt es keine andere Landschaft, deren geographische Bedingungen den Charakter und das Leben ihrer Bewohner stärker geprägt hat. Der Streifen Erde war so schmal, daß man ihm entweder alles zum Leben Notwendige mühsam abringen oder sein Glück bei abenteuerlichen Reisen über das Meer versuchen mußte. Das hat die Ligurer in der Vergangenheit zu genialen Bauern und mutigen Seefahrern gemacht. Es hat auch das Wesen der

Menschen geprägt, denen man, außer einer besonderen Verbindung zu Erde und Meer, auch eine gewisse Unbezähmbarkeit und vielleicht sogar Furchtlosigkeit nachsagt. »Unsere Vorfahren haben auf Felsen gebaut«, sagt der Maler Piero Boragina in seinem Studio in Genua, »meinen Sie, daß uns die Ebene Angst macht?«

Die beiden Rivieren bestehen aus Gegensätzen, wie sie nicht größer sein könnten: Die berühmten Cinque Terre im Osten sind als einmaliges Landschaftskunstwerk beinahe schon so etwas wie ein Mythos. In fast tausend Jahren haben die Menschen den Wäldern hier fruchtbares Land abgetrotzt. Heute, im Zeitalter des Tourismus, nimmt sich die Natur das, was ihr einmal gehörte, langsam zurück. Vielleicht wird man sich aller Vergänglichkeit nirgendwo so sehr bewußt wie hier. Wenige Kilometer weiter beginnt der Teil der Küste, den man seit dem neunzehnten Jahrhundert nur »die Riviera« nennt und der in der Vergangenheit Inbegriff für mondänes, elegantes Leben war. In den alten Grandhotels ist die Erinnerung an diese Zeit und an ein Stück europäischer Geschichte erhalten geblieben.

Die alte Hafenstadt Genua, einst größter Hafen des Mittelmeers, hat viele Gesichter und ist vielleicht die italienische Stadt, die sich in den letzten Jahren am meisten verändert hat. Handel und Reichtum haben das Leben hier in der Vergangenheit bestimmt. Nach dem Ende der Seerepublik war die alte *Superba* in eine Lethargie verfallen, aus der sie vielleicht erst jetzt wieder herausfindet.

Im Westen an der Costa di Ponente schließlich hat die unaufhaltsame Landflucht seit einigen Jahrzehnten zu einer neuen Dorfentwicklung geführt: Viele Ausländer aus Nordwesteuropa haben sich hier niedergelassen und die nahezu aufgegebenen Weiler wiederbelebt.

Doch überall an den beiden Rivieren bestaunt man die überwältigende Schönheit der Landschaft, über deren Natur sich die Eingriffe der Menschen und die Veränderungen der Zeit nur wie eine dünne Schicht gelegt haben. Auch Genua hat sich jetzt daran gemacht, seine Geheimnisse und die verborgene Schönheit seiner Paläste preiszugeben.

In Ligurien, sagt der Maler Piero Boragina noch, meint man immer, zwischen Erde und Wasser zu schweben, was dazu führt, daß die Landschaft hier häufiger als an anderen Orte zum inneren Rückzug einlädt: Fragen, wer man ist und wohin man geht, stelle man sich hier öfters als andernorts. Auch das macht die besondere Atmosphäre in Ligurien aus.

Manche Orte Liguriens habe ich durch kundige Begleiter entdeckt. Ich danke Professor Bruno Gabrielli, durch den ich viele Menschen in Genua erst kennengelernt habe, und Anna Velte und Trixi für die Begleitung. Giulio Ciana und der Abendgesellschaft im »Regina Elena« danke ich für den

Champagner und die Ideen, die dabei entstanden sind.

Besonders danke ich Constanze Krings für die immer gute Verbindung nach Palermo und natürlich Thomas Tebbe.

Blaue Fische, Oliven und Rosmarin

Wie die Riviera in Caterinas Küche schmeckt

Caterina wohnt am Rand eines Amphitheaters, das das perfekte Abbild eines irdischen Paradieses ist: ein natürliches, trichterförmiges kleines Tal zwischen den Hügeln der Cinque Terre, dessen Westseite zum Meer abfällt und an dessen Hängen Weinstöcke und Olivenbäume angepflanzt sind. Ein Ort, wie ihn nur die Natur erschaffen kann. Caterina fällt längst nicht mehr auf, wie deutlich die Stimmen ihrer Nachbarinnen an diesem magischen Ort zu vernehmen sind. Manchmal erklingen sie wie in einem perfekten Zusammenspiel: Was kochst du heute abend? Das heißt soviel wie: Was machst du heute nachmittag? Brauchst du ein Lorbeerblatt oder vielleicht ein paar Tomaten? Gehst du später noch zu den Felsen Kräuter sammeln? Hast du die eingelegten Sardinen schon zum Entsalzen in Wasser gelegt? Machst du das Pesto heute mit dem Mörser oder doch mit dem Mixer, weil es schneller geht? Am Samstag abend ruft Caterina manchmal hinüber: »Antonia, hat Dino schon das Kaninchen erlegt?« Kaninchen mit Oliven in Weinsauce ist der klassische Sonntagsbraten Liguriens, und da sind Caterina und ihre Freundinnen nicht zimperlich. Warum sollte die Natur in Ligurien zu den Tieren gnädiger als zu den Menschen sein?

Meine Freundschaft mit Caterina begann an einem Dezembertag, als die Cinque Terre nur aus wilder Landschaft und tobendem Wetter bestanden. Das Thermometer zeigte weit unter null Grad, was in Ligurien einmal in zehn Jahren vorkommt. Meine Mitbewohner waren in die Stadt abgereist: Die Wasserleitung war eingefroren, die Zentralheizung – für Caterina ohnehin ein unglaublicher Luxus – war abgedreht, die Straßen verschneit und kaum befahrbar. Von einer Nacht auf die andere meinte man, die Zeit sei zurückgedreht worden: Ohne den Zusammenhalt untereinander hatte man auf den Hügeln keine Chance. Es war auf einmal wieder wie vor über tausend Jahren: Wenn die Menschen in ihren Häusern nicht zusammenrückten, behielt die Natur mit ihrer grausamen Härte die Oberhand. Natürlich konnte man in die nächste Stadt und zur nächsten Zentralheizung fliehen. Aber vielleicht konnte man auch bleiben, an Caterinas Ofen sitzen, und von hier aus das Leben einmal anders besehen?

Menschen waren an diesem Wintertag, an dem ich Heimatgefühle zu entwickeln begann, nur sehr vereinzelt auf den schmalen Straßen über die Hügel unterwegs. Zuerst kam Gina vorbei, die alle Frauen und Kinder im Weiler *gioia* nannte, und die, fast ein Wunder, eine Wasserquelle hinter dem Felsen auf ihrem Grundstück hat. »*Gioia*, ich zeig dir jetzt, wo immer Wasser fließt.« Quellwasser, das plötzlich wertvoll und köstlich ist, wenn es nicht mehr aus der Leitung kommt. Danach brachte Antonia eine riesige Tasche Brennholz vorbei. »Sobald es wärmer wird, zeige ich dir, wo man es oben im Wald schlagen kann, und dann gehen wir auch zu dem wilden Thymian.« Zum Glück hat sie einen kleinen Busch vor der Haustür stehen. Denn was wären Antonias Saucen, die sie an diesem Tag in tröstlicher Fülle zubereitete, ohne Thymian?

Als schließlich Wasser und Wärme gesichert waren, schickte Caterina ihre Tochter Silvana vorbei und lud zum Abendessen ein. Später saßen wir dann an Caterinas Herdfeuer, und die Abendsonne tauchte die Hügel in ein atemberaubend schönes Licht. Das war fast jeden Abend so. Aber trotzdem war etwas anders als sonst: Denn gemeinsam hatten wir, die Menschen auf den Hügeln, der Natur unsere Behaglichkeit abgetrotzt. Die damit verbundene Härte war vergessen oder gehörte einfach in ein anderes Leben.

Caterina hat dieses Licht über siebzig Jahre lang jeden Abend und vor allem jeden Morgen gesehen.

Und beim Anblick unseres Amphitheaters begann sie mir ihr Leben zu erzählen, das außer während ihrer Jugend, als sie eine der begehrtesten Frauen der Gegend war, kaum aus biographischen Daten, sondern aus Gesten, Ritualen, Blicken und vor allem aus Rezepten besteht. Denn in ihrer Küche hat Caterina eine perfekte Symbiose aus Meer und Hügeln hergestellt. Der Geschmack der gelebten Landschaft taucht in all ihren Töpfen auf.

Caterinas Tag in der Küche beginnt mit einem atemberaubenden Blick über das Meer. Ihr Tagesablauf folgt den Regeln des Sonnenauf- und -untergangs. Jeden Tag steht sie morgens um halb fünf auf und geht gleich nach dem Abendessen ins Bett.

»Siehst du eigentlich noch, wie schön es hier ist?« frage ich sie manchmal, woraufhin sie mir von den vielen Fotos, die die Wandertouristen machen, erzählt. Und keiner hat ihr je eins vorbeigebracht. Ach ja, die Wanderer. »Sind deine Gäste aus der Stadt wieder zu Fuß nach Vernazza gegangen?« Caterina fragt und wundert sich nicht. Fast alle älteren Frauen hier haben kaputte Knie von den beschwerlichen Wegen, die sie auf den Steilhängen, meist mit schweren Gewichten auf dem Kopf, jahrzehntelang zurückgelegt haben. Wandern, was für eine merkwürdige Beschäftigung.

Caterinas Blick ist oft auf die Erde gerichtet, und manchmal sieht es fast demütig aus, wenn sie am Morgen zwischen den Olivenbäumen oder vor dem

Basilikum kniet. In weiten Teilen Liguriens ist die Landwirtschaft schon lange weitgehend Frauenarbeit. Die Enge des Landstrichs hat Ende des neunzehnten Jahrhunderts viele Männer gezwungen, auszuwandern oder sich nach anderen Erwerbsquellen umzusehen: Viele fanden bei der Eisenbahn, beim Straßenbau oder im Arsenal von La Spezia Arbeit. In Caterinas Generation haben jedenfalls hauptsächlich die Frauen die Terrassen bestellt.

Jeden Morgen zündet sie, sogar im August, das Herdfeuer an. Es ist der Augenblick, wenn die Sonne hinter San Bernardino auftaucht. Woher kommt das Holz? Natürlich hat Caterina einen eigenen kleinen Wald. Und hat unter den Fichten des Tals den ganzen Sommer lang Tannenzapfen gesucht.

Dreimal die Woche bereitet sie im Backofen die salzigen Torten Liguriens zu, die es vor der Pasta und für Nachmittagsgäste gibt: im Sommer mit Zucchini oder Bohnen, im Winter mit Reis. Frische Eier aus dem Hühnerhof, Unmengen Parmesan und mitunter ein paar getrocknete Pilze gehören hinein. Was sie aus ihrem Garten nicht verwendet oder für den Winter einfriert, wird großzügig verschenkt. »Die ersten Male mußt du deine zweihundert Gramm Zucchini bis aufs Cent genau bezahlen, dann bekommst du dein Leben lang zwei Kilo geschenkt«, sagte Gianni damals, als ich in die Berge zog, und er – selbst noch fremd – mir die Mentalität der Ligurer erklärte: Geiz ist hier kein echter Geiz, sondern nur die – vorübergehende – Antagonistin der Großzügigkeit, die nach der ersten Begegnung unweigerlich folgt. Die dauert dann ein Leben lang.

Damals, bei einem meiner ersten Besuche, als Caterina gerade wieder ein paar Pinienzapfen in den Ofen geschoben und die salzige Torte gewendet hatte, erzählte sie mir von den Grundregeln der ligurischen Küche: In den Töpfen paßt nur zusammen, was auch in der Natur seinen Platz nebeneinander fand. Dann gibt sie noch ein Zweiglein Rosmarin und eine Handvoll Oliven in das Kaninchen mit Öl und Wein. Bis gestern war es eines von siebenundzwanzig, die unter Olivenbäumen und Weinreben in einem umzäumten Gehege unseres Amphitheaters herumsprangen. Heute schmort es im Topf vor sich hin, umgeben von all dem, was es in seinem Kaninchenleben gerochen hat. Caterinas Worte sind von einer unschlagbaren Logik, so wie sie nur eine ligurische Bäuerin verkünden kann.

Manchmal ist das Meer auffallend ruhig, wenn wir von der kleinen Terrasse bis hinüber zu den Lichtern von Livorno sehen. »*Domani acciughe*, morgen werden Sardinen gefangen«, sagt Caterina dann, wenn das Meer am Abend friedlich vor uns liegt. So wie in alten Zeiten, wenn das Meer den Seefahrern und Fischern Ruhe und Geborgenheit versprach, werden die blauen Fische, *il pesce azzuro*, gefangen und wurden zumindest früher oft noch auf dem Boot zu einem köstlichen Mahl verarbeitet: *acciughe*, Sardinen, Kartoffelscheiben, Öl, etwas Wein, geröstete Scheiben getrockneten Brots, das man am Ende in die Sauce tunkt. Caterina wäre dieses Gericht für ihre Küche inzwischen nicht raffiniert genug. In den Weilern hat man zwar nie am Tourismus verdient, doch Caterinas Familie ist nicht mehr arm, seit der Weißwein der Cinque Terre hoch gehandelt wird. Aber schließlich ist Kochen eine ihrer wichtigsten und kreativsten Beschäftigungen, und da will sie nicht an die Armut der Vergangenheit erinnert werden. Wer jedoch einmal Sardinen in dieser einfachen Version gegessen hat, dem kommen sie wie die perfekte Symbiose von Land und Meer, eben wie der Geschmack Liguriens, vor. In Vernazza werden die Grundzutaten noch mit Tomatenscheiben ergänzt – wodurch das Gericht vielleicht etwas von seiner archaischen Ursprünglichkeit verliert – und als *tegame di Vernazza* in den Restaurants serviert.

Wenn die Sardinen im Juli vor der Küste in Schwärmen gefangen werden, bestellen wir ganze Kisten davon beim Fischhändler, mindestens acht Kilo, und legen sie für den Winter in Salz ein. Natürlich ein Katzenfest und eine archaische Tätigkeit: Das Blut der Fische klebt an den Händen, wenn man ihre Köpfe abdreht und sie zum Säubern erst einmal zwei Tage in grobes Salz einlegt. Um das grobe Salz muß man sich im Juli rechtzeitig kümmern, sonst ist es in den kleinen Tabakläden ausverkauft. In den ersten Jahren schickte Caterina noch Francesca vorbei, um zu kontrollieren, daß die Fische richtig geschichtet in grobem Salz in meinen Glasbehältern lagen.

Die Männer der Gegend haben die stark gesalzenen Fische nach manchem Kater allerdings auch sofort verzehrt. Entzündet Caterina wegen übergroßer Hitze an manchen Tagen kein Herdfeuer, dann werden die ausgenommenen Fische acht Stunden lang in Zitronensaft eingelegt. Garen in Zitrone ist eine uralte, in Ligurien sehr verbreitete Zubereitungsart. Dann werden die Sardinen mit Knoblauch, Öl und Oregano angemacht. Nach den »blauen Fischen« im Sommer kommen im Herbst fette Rotbarben und im Winter Stockfisch in Tomatensauce, mit oder ohne Kartoffeln, auf den Tisch. Muscheln, Sardinen oder Tintenfische zu füllen, ist in Ligurien eine weitere beliebte Zubereitungsart. Gekochte Fische, wie etwa Makrelen, werden mit einer grünen Petersiliensauce serviert. Natürlich hält Caterina jeden Mittag die klassische Menüfolge, Nudeln und ein Hauptgericht, ein.

Caterina verläßt unser Amphitheater nie. Manchmal kommt es mir vor, als wollte sie, selbst als sie noch jünger war, den Blick darauf nie verlieren. Deshalb findet ihr Kontakt mit der Außenwelt durch die vorbeifahrenden Händler statt. Jeden Donnerstag kommt der Fischhändler auf seinem Weg zu dem kleinen Markt an Caterinas Haus vorbei und ruft die Frauen zusammen. Wenn Caterina mit dem großen

Eimer voller Wasser in der Hand kommt, gibt der Fischhändler fangfrische Tintenfische hinein, die *al diavolo*, mit viel *peperoncino*, etwas Mehl, Tomaten und Wein zubereitet werden. Irgendwann hatten wir beschlossen, daß es für uns viel billiger ist, wenn ich die Fische auf dem Markt in La Spezia hole. Aber das war nicht halb so schön.

Früher ging Caterina manchmal bei Antonia vorbei, die damals, als es noch keine Straße ins Hinterland gab, eine kleine Trattoria für Einheimische hatte. Irgendwann ging das Lokal pleite, weil ihr Mann Gäste, die ihm sympathisch waren – was fast täglich geschah –, gern eingeladen hat. Antonias Pilzsauce ist ein Wunder der Kochkunst und der Natur. Manchmal geht sie ganze Nachmittage in die Wälder und kommt mit Körben voller Steinpilze zurück. Wenn Antonia alles kaufen würde, was sie in ihrer Küche verwendet, wäre sie arm. Denn ihre Rezepte stammen aus einer Vergangenheit, als Zeit noch nicht mit Geld aufzurechnen war.

»Hast du dir die Reihenfolge gemerkt? Zuerst gibst du Knoblauch, Petersilie, die gehackte Zwiebel, dann eine Handvoll Steinpilze, schließlich den Thymian und die frischen Tomaten hinein, abgelöscht wird nach genau zehn Minuten mit einem Glas Wein. 45 Minuten müssen die Zutaten zusammen schmoren.«

Die Kräuter sind die wichtigsten Zutaten im *spezzatino*, den Antonia aus Fleischstücken, Kartoffeln,

Oliven und Rosmarin zubereitet. Immer sorgt das stundenlange Köcheln auf dem Herdfeuer für den unvergleichlichen Geschmack.

Irgendwann hat Francesca, die im weißen Haus zwischen Caterina und Antonia wohnt, ein besonderes Ritual zur Feier unserer Freundschaft eingeführt: Da wir am gleichen Tag Geburtstag haben, hat sie bei Caterina unser Festtagsmahl organisiert. Aber bevor es hausgemachte Tagliatelle, Ravioli, *Cima*, den mit Kräutern gefüllten Braten – eine typisch ligurische Köstlichkeit –, und gebackenes Lamm und Kaninchen gibt, kaufen wir beim besten Bäcker von Levanto die größte Torte: dicke Schichten Mürbeteig, getränkt mit rosafarbenem Likör und triefender Schokoladen- und Vanillecreme. Die *torta Monterossina*, eine Spezialität aus Monterosso, ist eine verdaulichere Variation.

Aber ein Gericht gibt es, das alle Festtagsmenüs dieser Welt in den Schatten stellt: wenn Caterina am Nachmittag um drei die Minestrone aufsetzt, damit sie bis zum Abendessen die cremige Konsistenz erreicht. Wenn die Sonne dann über dem Amphitheater untergeht, hat die Minestrone schon ein paar Stunden auf dem Herd geköchelt.

Seitdem ich Caterina kenne, hat sie an den Abenden nach der Weinlese immer Minestrone gekocht. Immer bestand sie aus allen Gemüsen der Jahreszeit, grünen und weißen Bohnen, Zucchini, Kartoffeln und Auberginen. Am Ende gab sie ihr eigenes Öl, selbstgemachtes Pesto, viel Parmesan und kleine Nudeln dazu.

Die Weinlese in Ligurien: das ist so etwas wie eine eigene Jahreszeit. Wenn das Wetter es erlaubt, findet sie Mitte September statt. Schon Tage zuvor stehen die Kisten und Wannen für die Trauben bereit, bis endlich der Großhändler den Startschuß gibt. Meist ist dann gerade das Fest der Madonna von San Bernardino vorbei. Dann geht Caterina in die Weinberge hinauf, und ihre Gesten und die Formen der Landschaft fangen plötzlich an zu erzählen. Auf den sonnenbeschienenen Hängen beginnt zuerst die Ernte für den Sciachettrà. Der berühmte Dessertwein ist fast schon ein Mythos, weil seine Herstellung äußerst aufwendig ist und es so wenig davon gibt. Erst wenn die Trauben im Weinkeller zu winzigen, honigsüßen Beeren getrocknet sind, werden sie im November gepreßt. Es ist der Geschmack purer Sonne, dem die salzige Brise des nahen Meers eine Spur Herbheit verleiht.

Wie eine Verheißung auf zukünftige Köstlichkeiten fallen goldene Trauben in Caterinas Weidenkorb. Für die anderen Trauben hat sie längst die praktischeren Plastikbehälter eingeführt. Die meisten Pergolen sind so niedrig, daß man zur Ernte unter die Reben kriechen muß. Früher hat man in jedem Weinberg verschiedene Traubensorten angebaut. Die prallen Regina-Trauben, prächtig wie Königinnen, wachsen in der zweiten Reihe. Nach ein paar Reihen

»Regina« schneidet Caterina energisch die kleinen Bosco- und wohlschmeckende Vermentino-Trauben ab. Ein paar der schönsten Früchte legt sie an den Rand des Korbs und am Abend in hochprozentigen Alkohol ein. Ohne Pause ernten Caterina, Silvana, Francesca und ich die Reihen ab, während Caterinas Sohn und die anderen Erntehelfer die vollen Kisten auf den Schultern wegtragen. Caterinas Weinberg liegt nahe beim Haus. Aber von vielen Terrassen muß man die Trauben mit abenteuerlich steilen Seilzügen abtransportieren. Die meisten Bauern behalten einen Teil der Trauben für den Eigenbedarf und bringen den Rest zur Winzergenossenschaft in Riomaggiore oder zum Großhändler.

Es ist, als ob der Weinberg Caterinas wohlgepflegtes Wohnzimmer wäre, wenn sie an den Blättern der Rebstöcke wie an wertvollen, etwas ungebügelten Spitzendeckchen zupft. Sie war gerade einmal zehn Jahre alt, als sie von ihrer Großmutter die ersten Handgriffe gelernt hat: wie man Reben schneidet, die Ranken an den Rebstöcken festbindet, düngt und im Frühjahr die Erde unter den niedrigen Pergolen pflügt. Weinanbau ist, wie alles in Ligurien, eine mühsame Arbeit, aber bei der Weinlese herrscht festliche Stimmung. Es ist, als gäbe die Erde endlich etwas von den Mühen des Jahres zurück.

Caterinas Sohn stellt jedes Jahr nur ein paar Flaschen Sciachettrà her. Wenn er in meinem Haus zu Ende geht, gibt es Ginas Zitronenlikör: Zutaten sind die Schalen von acht Zitronen, zwei, drei Zitronenblätter, einen Liter reinen Alkohol, die halbe Menge Wasser und ein halbes Kilo Zucker. Vierzehn Tage lang muß die Essenz ruhen und wird dann gefiltert.

Natürlich backt Caterina zweimal in der Woche Brot oder die ligurische, paradiesische Variante davon: köstliche Focaccia, aus Mehl, Wasser, Öl, manchmal mit Oliven, Zwiebelscheiben oder Rosmarin, wie sie heute bei den meisten Bäckern zu finden ist.

Und dann gibt es noch den Oregano, der der ligurischen Küche, den Ravioli-Füllungen und Tomatensaucen, den unvergleichlichen Geschmack verleiht. In den Läden gibt es ihn für zwei Euro zu kaufen. Ihn an geschützten Stellen in der Macchia und auf den Wiesen zu sammeln, ist ein Sommerritual: Oregano wird gepflückt, wenn die Sonne über der Küste am höchsten steht. Für mich ist es eines der wertvollsten Geschenke, die man machen oder erhalten kann. »Wächst die *cornabucia* bei dir?« fragt Domenico, weil er weiß, daß auf meinen Terrassen das Gras manchmal etwas länger als andernorts steht. *Cornabucia*, das Dialektwort für Oregano, ist das einzige eßbare Kraut, um das sich in Ligurien die Männer kümmern. Nein, keine *cornabucia* dieses Jahr. Denn Giuliano, Caterinas Sohn, hat die Wiese schon frühzeitig gemäht. »Na gut, dann bekommst du eben einen Strauß von mir«, sagt Domenico.

Zum Oregano-Sammeln kommen sogar die

Bewohner der Küste zu Fuß hinauf in den vierhundert Meter über dem Meer und sieben Kilometer Luftlinie von der Küste entfernten Weiler. Unten im Hafen liegen jetzt die Boote der Mailänder, und in den Bars gibt es schicke Aperitifs. Der Kontrast könnte nicht größer sein. Doch an den Tagen, an denen wir Oregano sammeln gehen, vermischt sich die Lebensweise der Bewohner der Küste und der Berge auf wundersame Weise wieder.

Dann kommen sie zu uns hinauf, *sui monti* – obwohl es gerade einmal dreihundert Meter Höhenunterschied sind –, wo das Leben einst begann. Zu den Bergbewohnern, die ihre Minestrone auf dem Herdfeuer kochen und womöglich noch das Holz und die Pinienzapfen dafür selbst sammeln gehen. Trotz der wenigen Kilometer Luftlinie – zehn Autominuten – sind wir für die Bewohner der Küste so etwas wie Halbwilde. Aber auch in Caterinas Haus gibt es inzwischen ein Telefon und zwei Handys – nur leider meistens keinen Empfang. Deshalb ruft man sich bei uns immer noch über das Amphitheater zu: Caterina, war der Fischhändler schon da?

Manchmal habe ich Ligurien nur unter großen Schwierigkeiten erreicht: Erdrutsche zwischen Venedig und Genua oder Unwetter, die vom Ende der Welt zu künden schienen. Aber immer erinnerte Caterinas Herdfeuer daran, daß alles vorübergeht und nicht von wirklicher Bedeutung ist.

Die Cinque Terre als Weltkulturerbe

Harte Erde und stolze Menschen

Es war an irgendeinem Herbsttag des Jahres 1997 – an das Datum erinnert man sich in Riomaggiore nicht mehr genau –, als ein fein gekleideter Herr aus New York angereist kam, sich an dem einladend blauen Himmel erfreut und in einem der kleinen Weinkeller eingelegte Sardinen verspeist hat. Ein Glas Wein gab es dazu, weißen natürlich, wie er, meist aus Vermentino-Trauben, in der Gegend wächst. Danach hat er als Krönung ein Glas Sciachetrà probiert, den kaum jemand richtig schreibt geschweige denn produziert. Der feine, gar nicht unsympathische Herr war schließlich gebildet, und der berühmte, der Tafel von Fürsten und Königen angemessene Wein, findet schon bei Boccaccio Erwähnung. In dessen *Dekameron* wird nämlich erzählt, daß sich der Abt von Cluny besser fühlte, nachdem er ein Glas Wein aus Corniglia getrunken hat. Der Dessertwein mit dem unaussprechlichen Namen jedenfalls wird noch von höchstens acht oder zehn Bauern hergestellt, was viel ist, wenn man bedenkt, daß es von dieser aussterbenden Spezies noch etwa hundert gibt. Natürlich stellt ihn auch die Winzergenossenschaft in Groppo her, und das Ergebnis ist durchaus akzeptabel, aber für die Halb-Liter-Flasche bezahlt man soviel wie für zwei gute Flaschen Champagner. Sonne und Meer in eine Flasche gefüllt haben schließlich ihren Preis.

Dem Herrn aus New York jedenfalls schmeckte der Wein, und ständig hörte man von seinen Begleitern begeisterte Ausrufe über die silbrigglänzenden Olivenbäume und das wilde Rauschen des Meeres, das manchmal bis zu dem malerischen Kellergewölbe hinaufdrang.

Kurz nach der Abreise des Herrn aus New York und seiner Begleiter wurden die Cinque Terre von der Unesco zum Weltkulturerbe der Menschheit erklärt.

Die Cinque Terre: Ende der Sechziger hatten zunächst vor allem deutsche Besucher den einmaligen Landstrich im Osten Liguriens entdeckt. Wenn man »sein« Dorf gefunden hatte, blieb man ihm treu und schwärmte einen Winter lang davon. Irgendwann machte eine phantasievolle Werbung für edle Allwetter-Kleidung die Dörfer zu ihrem Markenzeichen: quasi als Synonym dafür, daß einem so bekleidet auch in dieser wilden Gegend nichts passiert. Als Reiseziel blieben die Cinque Terre schwierig: Nacktbader wurden noch in den sechziger Jahren verprügelt, die Straßen waren nicht asphaltiert, hartnäckig hielt sich das Gerücht, man käme mit dem Auto gar nicht dorthin. Von touristischer Infrastruktur keine Spur. Das hatten die Lokalgrößen der alten KPI auch zu verhindern gewußt, indem sie einfach gar nichts taten: Natürlich eine politische Entscheidung, der aber hauptsächlich die uralte Starrköpfigkeit der Bewohner zugrunde lag. Die Cinque Terre waren paradiesisch schön, aber unbequem. Warum sollte es den Fremden jetzt besser als den Einheimischen gehen? Nach dem Besuch des Herrn aus New York holte der Ruf ihrer einmaligen Schönheit die Cinque Terre ins Königreich des internationalen Tourismus: derjenigen, die keine Hindernisse scheuen und mit Rucksack und Wanderkarten bewaffnet überall auf der Suche nach dem nächsten Steakhaus sind.

Seit 1999 sind die knapp fünftausend Hektar Land und dreitausend Hektar Meer Nationalpark und Meeresreservat, weil Land und Meer in Ligurien immer zusammengehören. »Ein Nationalpark?« fragte damals in einer Versammlung ein sehr alter Mann. »Aber hier gibt es keine Bären und Wölfe! Die einzigen Wesen, die es zu schützen gilt, sind wir selbst!«

Die Cinque Terre im Osten der ligurischen

Riviera umfassen ein eng umgrenztes Gebiet von etwa fünfzehn Kilometern Länge, das unmittelbar nach La Spezia beginnt und bis zur Punta Mesco, der ins Meer ragenden Bucht bei Monterosso, reicht. Etwa fünftausend Menschen mit eingetragenem Hauptwohnsitz leben hier. Allein der ungewöhnliche Name der fünf Dörfer gibt jedem Besucher Rätsel auf. Im fünzehnten Jahrhundert, berichtet ein lokaler Historiker, war das Wort *terra* – wörtlich übersetzt Erde – als Synonym für Dorf durchaus gebräuchlich. Die Republik Genua bezeichnete so diesen Teil ihres Herrschaftsgebiets. Die fünf Dörfer waren kein zusammenhängendes Gebilde und verfügten auch über kein besonders ausgeprägtes Zusammengehörigkeitsgefühl, sondern waren lediglich eine Verwaltungseinheit. Heute sind sie in drei Kommunen, Riomaggiore, Vernazza und Monterosso, unterteilt. *Parco nazionale delle Cinque Terre* steht an jedem Ortseingang. Ist ein Park nicht ein ebenes Gelände mit gepflegtem Grün, in dem die Menschen sonntags spazierengehen? Das mag auf Touristen zutreffen. Doch mit der Realität der Cinque Terre hat das wenig zu tun.

An einem Herbsttag beschließt Antonio, uns durch Weinberge und Olivenhaine zu führen. Wir fahren das erste Stück mit dem Auto. Von einer gut einsehbaren Kurve aus steigen wir den Hügel hinauf. Nur die näher am Haus gelegenen Terrassen sind durch kaum sichtbare Steinwege und Treppen verbunden, auf denen Antonio von Weinberg zu Weinberg geht. Antonio ist fünfundsiebzig Jahre alt und durchtrainiert. Seit frühester Kindheit geht er zu Fuß. Zuerst zur Schule hinunter ins Dorf, damals, als es über die Hügel noch schnelle, aber steile Abkürzungen gab.

Links und rechts des Weges bilden die abwechselnd bewirtschafteten und aufgegebenen Olivenhaine und Weinberge ein seltsames Mosaik. Antonio wirkt gelassen und weiß seine Kräfte genau einzuschätzen: Das Stück dort oben hat er aufgegeben, dafür aber näher am Haus junge Reben gepflanzt. Seine Töchter schimpfen, daß er in seinem Alter noch solche Pläne hat. Auf dem Land von Antonios Schwägerin hat drei Jahre lang niemand mehr die Terrassen bestellt: Eine kurze Zeit, gemessen an der Unendlichkeit von tausend Jahren, in denen dieses Landschaftskunstwerk entstanden ist, und doch haben sich bereits die ersten Dornen breitgemacht.

Von hier oben sieht man genau, wie das Land an der Riviera angelegt ist: nahe den Dörfern Zitronen- und Orangenbäume, Feigen, Kaki und Kiwis, danach folgt bis auf drei- oder vierhundert Meter hinauf ein breiter Streifen von Olivenbäumen und Weinstöcken. In größerer Höhe sind nur noch Kastanien, Pinien und Steineichenwälder zu sehen.

Entstanden sind die Dörfer zwischen dem elften und dem zwölften Jahrhundert, wie fast alle Orte an der Küste. Die zunehmende Macht der aufstrebenden Seerepublik Genua, die immer auch die Rivalin Pisa unter Kontrolle halten mußte, hatte die Küste vor Einfällen sicherer gemacht. Im zwölften Jahrhundert zogen die Menschen von den Hügeln hinab, um an der Küste Handel zu treiben. Vor allem Vernazza mit seinem natürlichen Hafen war der Seerepublik wichtig für den Handel mit ligurischem Wein. Viele lokale Geschichtsschreiber berichten von den Sarazenen, die aus Nordafrika kamen, oder von türkischen Piraten, die damals eine große Gefahr darstellten. Sobald diese an der Küste anlegten, schleppten sie aus Ligurien alle beweglichen Reichtümer und sogar Menschen fort. Ohne eine sichere Küste und Wege über das Meer waren die Dörfer zu Angst und Elend verurteilt.

Vom elften Jahrhundert an wurden auch die Steilhänge über dem Meer gerodet und kultivierbare Terrassen angelegt. Diese wurden von Trockenmauern gestützt, die man aus Natursteinen ohne Mörtel errichtete. Die Terrassierung war notwendig, um den steilen Hängen überhaupt eine kultivierbare Fläche von drei bis fünf Metern pro Terrasse abzutrotzen. Knappes Land, das milde Klima und eine zähe Liebe zur Erde ließ die Ligurer zu talentierten Bauern werden. Noch heute spürt man, daß die unendlich harte Arbeit den Charakter der Menschen geprägt hat: Stolz, Eigensinn und Ausdauer sagt man den Ligurern nach. Als die »Kathedralen Liguriens« hat man die *fasce*, die terrassierten Anbauflächen, bezeichnet.

Aneinandergereiht würden die *muretti*, die Trockenmauern, eine fast elftausend Kilometer lange Mauer ergeben. So entstand im Lauf der Jahrhunderte ein Landschaftskunstwerk, das manchmal mit dem Bau der Chinesischen Mauer verglichen wird. Aber anders als die Chinesische Mauer wurden die Terrassen der Cinque Terre von Männern und Frauen gemeinsam errichtet.

Heute ist Antonio einer der ganz wenigen, der die Kunst des Trockenmauerbaus noch beherrscht. Nach jedem Herbstregen brechen Mauerteile ein und müssen im Frühjahr mühsam erneuert werden. Manchmal ist es, als ob Antonio mit den Steinen spricht, wenn er sie einzeln in die Hand nimmt und prüft. Die Erde war karg und steinig, aber für den Wein- und Olivenanbau ideal. Um sie anzureichern, haben Antonios Vorfahren Steine in winzige Partikel zerkleinert und mit den Nadeln der Strandkiefern vermischt. Wenn Antonio sich manchmal zur Erde hinabbeugt, dann ist es, als sei in seinen eigenen Gesten die kollektive Erinnerung erhalten geblieben. Die Formen der Landschaft selbst sind Geschichte, faszinierendes Zeugnis von fast tausendjähriger Arbeit vieler Generationen.

Wieviel Land er überhaupt besitzt? Etwa dreizehntausend Quadratmeter, aber er mißt das höchstens am Ertrag, der jedes Jahr unterschiedlich ausfällt. Seine Weinberge und Olivenhaine sind wie die Flecken eines Teppichs im ganzen Tal verstreut. Vor dem touristischen Zeitalter hat man in den Cinque Terre vom Weinanbau und Handel gelebt. Lediglich in Monterosso hat der Fischfang immer eine Rolle gespielt.

Wenn Antonio heute an die Vergangenheit denkt, dann fällt ihm meist ein Wort, *la miseria*, ein. Es wurde viel gehungert, auch wenn man sich das heute nicht mehr vorstellen kann. Geröstete Kastanien, Maismehl und ein bißchen Gemüse waren die Hauptnahrungsmittel. Aber nie würde es Antonio einfallen, über das harte Leben zu klagen. Die tägliche Berührung mit der Erde hat ihn tiefen Respekt vor der Natur gelehrt. Seit Generationen hat Antonios Familie in Vernazza gelebt und Land bestellt. Sein Vater ist 1860 geboren, damals gab es noch drei Ölmühlen im Dorf. Davon ist keine mehr erhalten geblieben. Das an der östlichen Riviera produzierte Öl reichte immer nur für den Eigenbedarf. Auch in der Vergangenheit gab das Land nicht genug her, um die Großfamilien zu ernähren. Zur Zeit von Antonios Vater mußten viele Männer nach Südamerika auswandern und haben sich dort als Viehhirten verdingt. »Wenn sie nach langen Jahren zurückgekehrt sind, haben sie mit dem bißchen Geld neues Land gekauft. Dann reichte es vielleicht gerade zum Leben.« Wenn die Männer auswanderten, mußten die Frauen die Terrassen bestellen: Schwerstarbeit, die in den Cinque Terre schon früh zur Gleichberechtigung von Männern und Frauen geführt hat.

Heute sind die Cinque Terre weltberühmt, wie man an den massenweise an Antonios Haus vorbeilaufenden Touristen erkennen kann. Wer hätte damals, als noch kaum jemand Schuhe besaß und die Fenster der Häuser mit Pappe verklebt waren, geahnt, daß die Cinque Terre einmal weltberühmtes Kulturerbe der Menschheit werden sollten!

Mit dem Status als Weltkulturerbe ist zwar keine finanzielle Unterstützung verbunden, aber Fördermittel können leichter beantragt werden. Natürlich ist auch Antonio wie alle Bewohner stolz darauf – in erster Linie ist es eine Aufwertung und ideelle Anerkennung der jahrhundertealten Mühen. Bislang wurden meist Städte oder einzelne Bauten mit diesem besonderen Status ausgezeichnet, die einfacher zu schützen sind als eine ganze Landschaft. Nach der geltenden Definition gilt eine Landschaft dann als Kulturerbe, wenn sie »ein herausragendes Beispiel einer überlieferten menschlichen Lebensform oder Landnutzung« darstellt. Die anerkannten Stätten gehören nicht mehr nur dem jeweiligen Land, sondern werden gewissermaßen der ganzen Menschheit zum Geschenk gemacht. Etwa siebenhundert Orte und Bauwerke stehen derzeit auf der Liste. Kulturlandschaften sind darunter noch deutlich unterrepräsentiert.

Auf unserem Spaziergang mit Antonio scheint es, als seien die Cinque Terre von zwei völlig gegenläufigen, sich selten kreuzenden Linien durchzogen:

den waagerechten Wegen des Müßiggangs, die zwar steinig sind, aber mit atemberaubenden Ausblicken am Meer entlangführen. Hier entstehen im Sommer regelrechte Staus, die man trotz der inzwischen drei Euro »Eintrittsgeld« für den Küstenweg – vor allem an Feiertagen – kaum noch steuern kann. Romantische Geschichten über die weltberühmte Via dell'Amore führen dazu, daß jeder Besucher das Teilstück des Küstenwegs zwischen Riomaggiore und Manarola zurücklegen muß. Hartnäckig hält sich das Gerücht von einem alten Ort für Liebespaare. Die Ausbuchtung unterhalb des Felsens war aber ganz unromantisch entstanden, als man für den Eisenbahnbau Sprengmaterial transportieren und sicher lagern mußte. Die Einheimischen selbst benutzen diese Verbindungslinie zwischen den Dörfern gar nicht. Wenn man früher auf der Suche nach dem schönsten Mädchen war, hat man sich von Monterosso aus mit dem Boot nach Vernazza aufgemacht. Denn von den Weinbergen und den Weilern mit ihren alten Heiligtümern führen senkrechte Wege zur Küste hinab, die man einst für den Handel mit Öl und Wein angelegt hatte.

Gleich unterhalb der alten Wallfahrtskirche von Reggio begegnen wir Priester Giovanni, der gerade bei den Vorbereitungen zum Fest der Madonna di Reggio ist: Schwarz ist sie, und viele sagen, sie käme tatsächlich aus Afrika. Das Fest ist ein besonderes Ereignis, weil es nur alle fünfundzwanzig Jahre stattfindet. Antonio erzählt, daß die Leute dann weinend am Straßenrand stehen, denn bei dieser Gelegenheit wird ihnen die Vergänglichkeit der Zeit bewußt: Man erinnert sich an das Leben in den Dörfern vor fünfundzwanzig oder fünfzig Jahren.

Und wie wird es in weiteren fünfundzwanzig Jahren aussehen? An der Küste ist das Leben gleichförmig geworden, das schnellverdiente Geld hat in der jungen Generation zu einem deutlichen Werteverlust und Mangel an Identität geführt. Vor allem das Zusammengehörigkeitsgefühl der Vergangenheit gibt es nicht mehr. Doch die Erinnerung daran, wie es früher einmal war, ist in der älteren Generation lebendig geblieben. Früher, erzählt Antonio, war das ganze Jahr vom Rhythmus der Natur und den großen religiösen Festen bestimmt.

An der Küste ist die Verehrung der Madonna weit verbreitet. Vernazza zum Beispiel wird von gleich zwei Madonnen, einer oben auf dem Hügel und einer zweiten, die mit Blick auf das Dorf im Meer versenkt wurde, beschützt: Eine Madonna im Meer, denn von da aus kamen schließlich viele Gefahren an. Aber diese Madonnenverehrung hat oft nichts mit traditioneller Frömmigkeit zu tun und wurzelte tief in der Geschichte des Landstrichs: Viele Dörfer hatten ihr Gebiet unter den Schutz der Madonna gestellt, um sich in der Nähe von Pisa und doch unter der Herrschaft der Seerepublik Genua allen politischen Zwistigkeiten zu entziehen. Die Madonna als wirkliche Königin: eine pragmatische Lösung, auf die man wahrscheinlich nur in Ligurien kommen kann. Damals waren aufgrund des ausgedehnten Handels mit den drei wichtigen Seerepubliken Pisa, Venedig und Genua auch drei Sorten von Münzen an der ligurischen Küste in Umlauf.

Pfarrer Giovanni ist gerade dabei, sich den Weg der Madonna ins Dorf anzusehen. Die Auswahl der sechs Männer, die die schwere Statue tragen sollen, hat Giovanni nach dem Neigungswinkel des Wegs und der Größe der Träger getroffen. Eine Woche lang steht die Madonna dann unten im Dorf, bevor sie wieder in die alte Wallfahrtskirche zurückkehrt.

Von 1276 an herrschte die Republik Genua an der Küste Liguriens, bis Napoleon 1797 die Adelsrepublik abschaffte und die demokratische Republik Ligurien ausrief, die aber nur etwas über zwei Jahrzehnte hielt. Denn 1805 kommt Ligurien zu Frankreich, bis es nach der Neuordnung des damaligen Europa im Zuge des Wiener Kongresses 1815 der sardisch-piemontesischen Herrschaft und damit dem Königshaus Savoyen zugesprochen wird und schließlich 1860 in das neue Vereinte Italien eingeht.

Die große Politik sei für das Leben in den Dörfern nie von großer Bedeutung gewesen, sagt Don Giovanni, nur manchmal sei ein schwacher Abglanz davon hierher gedrungen. Das Leben in der Vergangenheit bedeutete vor allem, den Naturgewalten zu widerstehen. Allerdings geht aus den alten Dokumenten hervor, daß man schon im sechzehnten Jahrhundert einen Lehrer für die Kinder im Dorf angestellt hat. Jede Häusergruppe hat einen eigenen Namen, Muro, Seroa, Foce oder Valletino, der mit dem Stand der Sonne oder den Besonderheiten des Weilers zusammenhing. Der Ursprung des Namens ist Teil der kollektiven Erinnerung. Früher lebten zwanzig Familien hier, und jeden Abend hat man auf der Piazzetta, über der damals sogar Weinreben wuchsen, Karten gespielt. Vielleicht ist das die eigentliche Faszination der Cinque Terre: Terrassen, Weinberge und Plätze werden zum Raum der Begegnung, dessen Grenzen nur das Meer und der Himmel sind.

Im östlichen Ligurien gibt es kaum freistehende Häuser: So unabhängig der Charakter der Menschen auch war, so sehr haben sich die Häuser in den Dörfern wie in den Weilern schutzsuchend aneinandergedrängt.

Wie in allen ligurischen Häusern waren zu ebener Erde die Tiere untergebracht. Heute werden Touristenwohnungen mit atemberaubendem Blick über das Meer daraus. Aber allzu lange ist es noch nicht her, daß die Häuser aus einer Feuerstelle und einem einzigen Zimmer bestanden.

Jeden Morgen verbringt Antonio vier Stunden im Weinberg, bei fast jedem Wetter. Nach einem kurzen Mittagessen kehrt er meist zu den Reben, auf die Gemüsefelder oder ab November zu den Ölbäumen zurück. Irgend jemand hat einmal die Rechnung aufgestellt, daß man hier wegen der beschwerlichen Wege für alles dreimal so lang wie andernorts braucht. Auch Antonios Kinder arbeiten längst in der Stadt. Mehr als ein Drittel der mühsam geschaffenen Flächen, auch die angrenzenden Weinberge seiner Verwandten, werden deshalb inzwischen nicht mehr bestellt. Hier macht sich die Macchia, das duftende, aber wildwuchernde mediterrane Dornengestrüpp, breit.

Denn werden die Terrassen nicht länger bestellt, brechen die Trockenmauern zusammen, und die Katastrophe ist schon bald nicht mehr aufzuhalten. Bodenerosion und Verbuschung drohen. Bei starkem Regen sind dann sogar die Dörfer selbst von massiven Erdrutschen bedroht. Und die zwei Millionen Besucher, die auf den Wanderwegen über dem Meer in Begeisterung ausbrechen, merken davon gar nichts. An der Küste verdient man gut am Tourismus, der durch Weltkulturerbe und Nationalpark zugenommen hat. Vor allem die junge Generation hat sich an das leicht verdiente Geld gewöhnt und die Mühen ihrer Eltern und Großeltern vergessen. Aber die Kulturlandschaft der Cinque Terre wurde nicht von der Natur, sondern von Menschen geschaffen. Landschaft und Landwirtschaft gehören untrennbar zusammen: Wenn sich die Lebensweise der Menschen ändert, wird der Verfall der Landschaft nicht mehr aufzuhalten sein.

In einem großangelegten Projekt hatte die Verwaltung des Nationalparks sich dafür eingesetzt, aufgegebenes Land an Nicht-Einheimische zu vergeben. Das Projekt hat sich inzwischen als undurchführbar erwiesen: Die Arbeit ist zu schwer, und die Interessenten waren zu unerfahren. Zeitweise plante man, unter jungen Leuten eine Genossenschaft für die landwirtschaftliche Arbeit zu gründen. Doch kaum jemand will diese Arbeit überhaupt noch machen. Immer wieder gibt es aber *appassionati*, Freizeitlandwirte aus Leidenschaft, die sich trotz aller Schwierigkeiten nicht abschrecken lassen und aufgegebenes Land roden. Wenn man sieht, wie aus wildem Dornengestrüpp ein fruchtbarer Weinberg wird, sagt ein jüngerer Dorfbewohner, ist das ein Gefühl, das süchtig macht. Diese Leidenschaft wird zwar nur von wenigen geteilt, aber immerhin gibt es solche Leute. Der Nationalpark hingegen hat auf touristische Projekte und die Vermarktung einheimischer Produkte gesetzt. Inzwischen gibt es auch funktionierende Elektrobusse zwischen den Parkplätzen und den Dörfern. Mehrmals am Tag fährt ein Bus die kleinen Weiler auf den Hügeln an. Sie sind nicht nur für die Touristen gedacht, sondern sollen Autos weitgehend von den Cinque Terre fernhalten und die weitere Abwanderung der Bevölkerung aus den Weilern verhindern. Ob die Menschen, die hier begeistert spazieren gehen, nicht lieber Antonios Trauben oder Oliven ernten würden?

Vielleicht hat der Nationalpark sein ehrgeiziges Projekt der Landadoption zu früh aufgegeben: Die einfachen Wege kann schließlich jeder gehen.

Antonio sieht es mit Gelassenheit, daß die Cinque Terre sich verändern. Stürme und andere Naturgewalten hat er sein Leben lang hautnah erlebt. Das war in den Cinque Terre schon immer so, seit es Menschen und Weiler gibt. Sein ganzes Leben hat er sich von der Erde unterhalb seines Hauses ernährt und die Landschaft erhalten – ein Stück Ewigkeit? Treue gegenüber der Tradition und Ironie gegenüber dem menschlichen Schicksal sagt man den Ligurern nach. Vielleicht ist alles vergänglich, aber dann wird die Landschaft mit Menschen wie Antonio untergehen.

Seine eigenen Gesten gehen jedenfalls eine unvergängliche Symbiose mit der Landschaft ein.

Wie Paolino, der Partisan, die Esel bezahlte

Das erste Museum des Widerstands

Die Geschichte mit den Eseln hat Paolino erst viel später erzählt. Da waren wir schon gemeinsam durch die Straßen von Sarzana, der östlichsten ligurischen Stadt, gegangen, und es war zu spüren gewesen, daß der ehemalige Bürgermeister Paolino Ranieri hier eine Art Mythos war. *Buona sera, sindaco*, begrüßen ihn die Leute immer noch, obwohl er dieses Amt seit über drei Jahrzehnten nicht mehr ausübt. Paolino Ranieri ist heute über neunzig Jahre alt und blickt auf fast ein Jahrhundert italienischer Geschichte zurück. Sarzana ist ein Juwel: mit seinen siebzigtausend Einwohnern eine Musterstadt, in der alles stimmt, und man kann sich gut vorstellen, daß seine weise Amtszeit dazu beigetragen hat.

Als wir später im Café vor dem Rathaus sitzen,

erzählt er ausführlich die Geschichte von den Eseln. Jahrelang hatte er in den dunklen Wäldern des ligurischen Apennin gelebt. Damals war sein Deckname Andrea, und so hat er später seinen Sohn genannt. Im Kriegsjahr 1944 hatten Partisanen ebenso wie die faschistischen Truppen den Bauern alles zum Leben Notwendige genommen. Die Partisanen um Paolino brauchten dringend Esel für den Transport von Waffen und Lebensmitteln, und vielleicht ist es seiner Überzeugungskraft und seinem ungewöhnlichen Charisma zu verdanken, daß er von den Bauern die allerletzten Exemplare bekam. Paolino hat den Dorfbewohnern für ihre Esel Quittungen ausgestellt, eine Art Schuldschein, die nach dem Krieg einzulösen waren. Nach den ersten Wahlen 1946 fanden sich die Dorfbewohner im notdürftig eingerichteten Büro des Bürgermeisters von Sarzana ein. Und da saß Paolino, das neugewählte Stadtoberhaupt, und bezahlte die Esel. Vielleicht ist dies einer der Gründe, warum man ihn heute, dreißig Jahre nach seiner Amtszeit, immer noch *il sindaco*, den Bürgermeister, und »den mit den Eseln« nennt.

»Lassen Sie sich seine Geschichte erzählen«, hatte mir der Historiker Paolo Pezzino gesagt. Zwischen den beiden war es zu einer folgenreichen Begegnung gekommen. Und das hat auch mit den Eseln von damals zu tun. »Paolino Ranieri ist ein Mythos: der letzte Überlebende, der noch von einem faschistischen Sondergericht verurteilt worden ist.«

An einem Spätsommertag beschließen wir, hinauf in die Berge zu fahren, denn da hat Paolino Ranieri einen wichtigen Teil seiner Geschichte erlebt.

Rechts unter uns liegt das Meer, das als Kontrast zu den dunklen Wäldern aus der Ferne fast heiter wirkt. Partisanen und italienische und deutsche Faschisten hatten sich in den Ausläufern des Apennin einen erbitterten Krieg geliefert. Der Apennin war für beide Parteien besonders wichtig, weil von hier aus die Nachschub- bzw. Rückzugswege über Piacenza oder Bologna in den Norden führten.

Mit jeder Kurve kehren wir einen Schritt weiter in die Vergangenheit zurück. Es ist, als seien die Wege noch heute ausgetreten und die Erde voll trauriger Erinnerungen, so als sei jeder Baumstamm und jedes Haus Teil von Paolino Ranieris Geschichte geworden.

Warum war er damals überhaupt den Weg des Widerstands gegangen? Er stammt aus einer Familie mit ausgeprägtem Gerechtigkeitssinn, sagt er, und das hat ihn in der Zeit des Faschismus einfach auf die Seite der *Resistenza* gebracht. Und egal, worüber Paolino Ranieri heute spricht, immer sind seine Gedanken vom Menschenbild und den Vorstellungen der Aufklärung geprägt. Paolino Ranieri glaubt an Bildung, soziale Gerechtigkeit und daß jeder einzelne für das soziale Gefüge verantwortlich ist. Das politische Bewußtsein hat ihm die Zeit, in die er hineingeboren war, eingeimpft. Man mußte einfach

Partei ergreifen, was im Gegensatz zur Unklarheit unserer heutigen Zeit vielleicht auch ein Vorteil war.

Nach der dritten Kurve blickt Paolino nachdenklich in die Berge hinauf. Von seiner Knieverletzung erzählt er und von dem Wunder, das ihm später widerfahren ist. Dann zeigt er nach oben und sagt: »Das war übrigens das Haus, in dem man mich damals verhaftet hat.« Natürlich hatte er versucht, seinen Häschern zu entkommen. Aber nach dem rettenden Sprung aus dem Fenster traf ihn ein Schuß ins Bein und ließ ihm keine Chance. Unterhalb des Hauses wurde er gefangengenommen. Zunächst wollte man ihn ins Krankenhaus nach La Spezia bringen, um das Bein zu amputieren. Aber von dort waren schon zu viele Partisanen geflohen. Bis zu seiner bevorstehenden Exekution wurde er also in eine Zelle geworfen, ärztliche Versorgung war nicht vorgesehen. Den herausquellenden Eiter aus dem Wundbrand wischte er sich mit Heu ab. Der Gestank war so unerträglich, erinnert sich Paolino, daß noch nicht einmal der Wärter mit Wasser und Brot die Zelle betrat. Viel später, als alles vorbei war, hat er einmal einen befreundeten Arzt dazu befragt. Niemand hätte ihm – und schon gar nicht seinem Bein – eine Chance gegeben. Wunder kommen als Begriff in der Medizin eigentlich nicht vor, sagte ihm der Arzt, aber vielleicht habe das harte Leben in den Wäldern seine Abwehrkräfte auf geradezu übernatürliche Weise gestärkt. Er hat eigentlich nie richtig die Hoffnung aufgegeben, erzählt Paolino, denn Gefahr und Tod seien immer allgegenwärtig gewesen. Und genauso allgegenwärtig waren seine politischen Ideen und sein tiefer Glauben an eine andere Art von Gerechtigkeit. Natürlich hatte er Angst: Angst war die tägliche Begleiterin, das Lebensgefühl schlechthin. Sie war tagsüber bei ihm, wenn Bomben auf Gleise und Züge geworfen wurden, und nachts, wenn militärische Aktionen geplant wurden. Paolino Ranieri sah, wie Faschisten mit Menschen umgingen. Das hat ihn unweigerlich auf die Seite der damals illegalen kommunistischen Partei gebracht.

Wenn Paolino später vom Gefängnis spricht, dann tut er das wertfrei und ohne Klagen, wie über eine Phase seines Lebens, die notwendig und unabdingbar war.

Vor seiner Flucht in die Wälder wurde er dreimal zu Gefängnisstrafen verurteilt, und dort hat er auch seine Lehrzeit absolviert. Zum ersten Mal wurde er 1938 von einem faschistischen Sondergericht verurteilt. »Wenn die gewußt hätten, wie wichtig es für unsere politische Bildung war, wären sie mit diesen Strafen vorsichtiger gewesen. Sie konnten ja nicht ahnen, daß wir mit neuem politischen Bewußtsein herausgekommen sind.« Dann erzählt er von seiner damaligen Verlobten, seiner späteren Frau, die irgendwann, als ein besonderer Feiertag die Gelegenheit gab, um Begnadigung für ihn bat. »Was fällt dir ein, ich will keine Begnadigung«, hatte er entrüstet zu ihr gesagt und sich auf der Stelle von ihr getrennt. Die Genossen mußten dann vermitteln, und so hat Paolino sie wenig später schließlich doch geheiratet.

Von seiner Zelle aus hörte er die Schreie der Mitgefangenen, die gefoltert wurden, am schlimmsten die Überläufer. »Vor dir habe ich Achtung«, hatte ihm der Kommandant gesagt, »weil du deine Ideen nicht verraten hast.« Erst viel später erfuhr er, daß er viermal der Exekution entgangen war, weil er bei einem möglichen Austausch als Geisel einfach zu wertvoll gewesen wäre.

Nach steilen Kurven kommen wir vor den Kastanien des Museums an. Früher war das dunkelrote Gebäude eine Feriensiedlung: In den sechziger Jahren haben die Kinder der Partisanen hier den Sommer verbracht. Dann haben Paolino Ranieri und Paolo Pezzino, Historiker der angesehenen Sapienza-Universität in Pisa, darin das »Museum des Widerstands« eingerichtet: Es ist das erste seiner Art und dokumentiert nicht nur Paolinos eigene Geschichte, sondern das Leid der Zivilbevölkerung in jedem Krieg. Der Einsatz der Waffen habe sich verändert, sagt Paolo Pezzino, und natürlich auch die Art der Konflikte, aber das mühsame Überleben und Leid der Zivilbevölkerung gebe es in jedem Krieg.

Die Einrichtung dieses Museums ist auch die Geschichte eines Historikers, der die Welt der Bücher verläßt und hinaus in die Wälder und Dörfer geht. Sein eigentliches Arbeitsgebiet, die sizilianische

Mafia, hat Paolo Pezzino vor zehn Jahren verlassen, um sich den meist vergessenen Massakern in Italien zu widmen. Als er Paolino Ranieri traf, war Paolo Pezzino bereits Leiter eines nationalen Forschungsprojekts über Massaker an der Zivilbevölkerung zwischen 1943 bis 1945. Denn Italien ist das Land in Westeuropa, das die meisten zivilen Opfer zu beklagen hatte.

Die historische Forschung in Italien habe seit etwa zehn Jahren den Akzent von den Partisanen auf die gesamte Gesellschaft verschoben, erklärt Paolo Pezzino, als wir das Museum betreten. »Man hat versucht, diese Zeit nicht nur unter dem Aspekt des Krieges zu sehen, dessen Protagonisten Männer mit Waffen waren. Natürlich waren auch ein paar Frauen darunter, aber dieser Widerstand war männlich – genauso wie der Krieg männlich ist. Die faschistischen Massaker forderten jedoch immer auch Opfer unter der Zivilbevölkerung. Zuvor hatte man diese Massaker gar nicht untersucht, sie waren nur am Rand in den Geschichtsbüchern erwähnt worden, als eine Art Blutzoll, den die italienische Bevölkerung für das neue demokratische Italien und für die Freiheit entrichten mußte. Aber eigentlich haben die Opfer der Massaker diesen Beitrag nicht freiwillig geleistet, sie hatten keine Wahl und wurden von Ereignissen mitgerissen, die sie nicht beeinflussen konnten.« Häufig genug blieb bei den überlebenden Familienangehörigen Hader und eine gewisse Polemik gegenüber den Aktionen der Partisanen zurück, die sie als Auslöser der Vergeltungsmaßnahmen ansahen. Einige dieser Massaker haben nur wenige Tage vor der Befreiung stattgefunden und erscheinen dadurch noch tragischer und sinnloser.

»Die Überlebenden haben sich nicht in der Opfer-Rhetorik wiedergefunden: Denn die Toten waren keine Märtyrer des Krieges, sondern eben einfach nur zufällige Opfer. Als wir angefangen haben, die Massaker zu untersuchen, wurde uns klar, daß sehr heterogene und fragmentarische Erinnerungen daran existieren, die niemand mehr zusammenfügen kann.« Natürlich sollte die Rolle der Partisanen durch diese Untersuchung nicht geschmälert werden, aber sie waren eben nur ein Element des Krieges: »Die Armeen der beteiligten Staaten, die faschistischen Republikaner, die Zivilbevölkerung.« Das Ergebnis von Pezzinos Forschungsarbeit – und dem Dialog mit Paolino Ranieri – war ein äußerst komplexes Bild der jüngsten Vergangenheit Italiens, das sich nicht im Kampf zwischen Faschismus und Antifaschismus oder Widerstand erschöpft. »Viele haben einfach nur ums Überleben gekämpft: Das Leben war hart, es gab nichts zu essen, es war kalt, viele flohen aufs Land, nachdem sie in der Stadt ausgebombt worden waren. Bei unserer Untersuchung hat sich also der Akzent verschoben, vom bewaffneten Kampf auf den Kampf ums Überleben, von einer politisch-militärischen Dimension – Faschismus und

Widerstand – zur Sozialgeschichte, zur Geschichte der Gesellschaft in den Jahren 1943 bis 1945.«

Anders als die Partisanen, die als Märtyrer für die Schaffung eines neuen Italiens in die Geschichte eingegangen sind, blieben die zivilen Opfer der Massaker vergessen – ausgelöscht wie häufig auch die Orte, an denen diese Gewalt stattgefunden hat. Begleitet von Paolino Ranieri hat sich Paolo Pezzino auf den Weg zu den Augenzeugen gemacht und mit unendlicher Mühe Bilder, Interviews und Aussagen gesammelt: So entstand ein einmaliges Dokument der Jahre 1943 bis 1945, nicht aus der Sicht der Widerstandskämpfer, sondern aus der der Zivilbevölkerung. Nach Jahren des Schweigens wurde Geschichte auf anschauliche Art zum Leben erweckt.

Ein Gang durch das Museum regt zum Nachdenken an. Die Zivilbevölkerung habe unter Kriegen natürlich immer gelitten, erklärt Paolo Pezzino. Das war schon im Dreißigjährigen Krieg so, der Europa verwüstet hat. Aber erst seitdem Kriege die gesamten wirtschaftlichen Ressourcen eines Landes verbrauchen, wurde es zum erklärten strategischen Ziel des Gegners, die sogenannte innere Front, die Zivilbevölkerung, anzugreifen. Das geschah zum ersten Mal im zwanzigsten Jahrhundert im Ersten Weltkrieg, in dem die Zivilbevölkerung zum Ziel des Krieges wurde. Gleichzeitig haben sich die technischen Mittel potenziert, es gab Flugwaffen und Bomben. »Der Zweite Weltkrieg fand zudem an vielen Fronten statt, die europäischen Länder wurden besetzt.«

Auf Seiten der Opfer oder der überlebenden Familienangehörigen hat sich das Bedürfnis nach Gerechtigkeit bislang nicht erfüllt. Einige dieser Massaker wurden gleich nach dem Krieg von den Alliierten untersucht, als man noch daran gedacht hatte, in Italien einen zweiten Nürnberger Prozeß gegen die verantwortlichen deutschen Generäle abzuhalten. Das Material dieser Untersuchungen wird in London und Washington aufbewahrt. Nach einer eingehenden Recherche in den lokalen Archiven hat die Forschungsgruppe immerhin eine exakte Anzahl der Opfer herausgefunden, etwa zehntausend in Italien. »Die Verantwortlichen werden wahrscheinlich nie vor Gericht gestellt. Und falls doch, so werden sie heute als alte Männer und nach über sechzig Jahren nie ein Gefängnis sehen. Aber für die Überlebenden wäre eine Verurteilung ein wichtiges Zeichen wenn auch verspäteter Gerechtigkeit.«

Im Museum hat man sich für sechs verschiedene thematische Bereiche entschieden: Im ersten Teil wird eine Art Chronologie der Ereignisse von 1942 bis 1945 immer von Augenzeugen erzählt. Der nächste Abschnitt ist den Partisanen gewidmet, dann folgt ein Teil über Inhaftierte, sowohl Militärs als auch politisch Internierte, in einem weiteren »Buch« geht es um die Massaker, schließlich um die Bauern und die Rolle der Frauen.

Die Zeitdokumente, Interviews und Filme sind auf zwei langen Tischen angeordnet. Die Menschen beginnen zu sprechen, sobald man die Seiten eines überdimensionalen, virtuellen Buches berührt: über das tägliche Überleben, Gewalt und Tod. »Das ist ein Priester, der auf unserer Seite war«, sagt Paolino. »Das ist eine Bäuerin, die in ihrem Heuschober Partisanen versteckt hat. Und das ist eine Frau, die nach dem Tod ihres Geliebten selbst das Kommando übernommen hat. Ich habe sie mit dem Maschinengewehr auf der Schulter kennengelernt. Danach ist sie wieder in ihren Beruf als Lehrerin zurückgekehrt.« Die Ligurer sind für ihren Individualismus bekannt und verfügen nicht unbedingt über ein großes Zusammengehörigkeitsgefühl. Aber zur Zeit des Faschismus hielten alle zusammen. Von September 1943 bis Ende April 1945 hatten sich die Gegner des faschistischen Regimes erst in losen Gruppen, dann in Brigaden und schließlich in straff organisierten militärischen Divisionen zusammengeschlossen. Unter den Partisanen des Bataillons Garibaldi befanden sich beispielsweise Mitglieder der illegalen Kommunistischen Partei Italiens ebenso wie Vertreter des katholischen Bürgertums. Diese unterschiedlichen Orientierungen führten allerdings häufig zu internen Streitigkeiten und mitunter zu tödlich endendem Zwist. Ligurien war in drei große »operative Zonen«, eine oberhalb von La Spezia, die anderen beiden oberhalb von Genua und Imperia, unterteilt. In den schwer zugänglichen

Hügeln des Apennin wurden wichtige Guerillaaktionen geplant und ausgeführt: Bahnstrecken mit Truppentransporten wurden durch Bomben lahmgelegt, Elektrizitätsleitungen zerstört oder Betriebe sabotiert, wenn sie für die Gegenseite von Bedeutung waren. »Natürlich haben wir Aktionen in der Nähe von bewohnten Dörfern und der Zivilbevölkerung vermieden«, sagt Paolino Ranieri. Neben der Planung und Ausführung von konkreten Aktionen und der Versorgung mit Lebensmitteln war er mit den besonderen Aufgaben eines »politischen Kommissars« betraut. Diese »Instrukteure« sollten bei allen Partisaneneinheiten ein neues demokratisches Bewußtsein fördern und auf das Ende des Faschismus vorbereiten.

Alle, deren Lebensgeschichte gesammelt und aufgezeichnet ist, waren Paolino Ranieri bestens vertraut. Die meisten Zeitzeugen sind zwar inzwischen tot, aber nicht verstummt, weil es das Museum gibt: das erste audiovisuelle Museum des Widerstands weltweit.

»Die jungen Leute in Italien hatten irgendwann genug von der Rhetorik des Widerstands. An jedem 25. April, dem Tag der Befreiung, kam ein Partisan in die Schule und hat seine Erfahrungen geschildert. Und das meistens, ohne das mitzuteilen, was junge Menschen wohl am meisten interessiert – den menschlichen Aspekt, die Angst, das Leid. Vielmehr haben sie den Mythos des Widerstands geschaffen –

wir haben für die Freiheit, das Vaterland, für die Nation gekämpft. Das stimmt alles, aber wenn man jungen Leuten etwas als abgeschlossenes Kapitel präsentiert, teilt man ihnen einfach keine nachvollziehbare Lebenserfahrung mit. Das alles hat dazu beigetragen, daß Zeitgeschichte kein interessantes Kapitel mehr für die Jugend war.«

Durch die Einrichtung des Museums in Fosdinovo wollte man dieses Kapitel der Geschichte wieder zum Leben erwecken: Die Menschen sollten selbst sprechen, und vor allem wollte man den Partisanen wieder eine menschliche Dimension geben. »Denn sie waren damals im gleichen Alter wie die jungen Leute, denen sie heute von ihren Erfahrungen erzählen. Wenn ich zum Beispiel an die Frauen an der Riviera denke, die eine Möglichkeit gefunden hatten, mit Hilfe des Pulvers aus nichtexplodierten Bomben Salz aus dem Meer zu gewinnen! Mit den Säcken voller Salz zogen sie dann in Richtung Parma und tauschten es dort gegen ein bißchen Korn. Auf dem Rückweg sind sie dann vielleicht noch einem Faschisten begegnet, der ihnen alles wieder abgenommen hat. Auch die Partisanen selbst haben schließlich verstanden – nicht zuletzt durch Paolinos Vermittlung –, daß solche Aspekte wichtig sind. Und es hat maßgeblich dazu beigetragen, daß sich junge Leute wieder für die Geschichte des Widerstands interessieren.«

Und noch eine Geschichte ist im Museum dokumentiert: das Kriegsende in Genua. Damals hatte der deutsche General Meinhold, während des Krieges Kommandant der Stadt, Genua dem Nationalen Befreiungskommitee CLN übergeben, in dem sich alle zukünftigen Parteien von den Christdemokraten bis hin zur Kommunistischen Partei zusammengeschlossen hatten, um den Wandel in demokratische Strukturen und die Wahlen von 1946 vorzubereiten. Die deutschen Truppen hatten den Hafen vermint und kurz vor der Kapitulation aus Berlin den Befehl zur Sprengung erhalten. General Meinhold führte diesen Befehl nicht aus und übergab den Vertretern des CLN die Stadt unversehrt. Dafür wurde er aus Berlin kurz vor Kriegsende wegen Befehlsverweigerung zum Tod verurteilt – nur gab es niemanden mehr, der den Befehl hätte ausführen können. Meinhold hat Genua nach dem Krieg besucht, wo man ihn als geachteten Besucher empfing.

Es ist Spätsommer, fast Herbst in Ligurien, und wir sitzen unter den Kastanien und Steineichen auf der kleinen Terrasse des Museums. Und irgendwann, erzählt Paolino Ranieri, als die Wunde an seinem Bein schon halb verheilt war und er immer noch an Krücken ging, sei er zunächst unerkannt nach Sarzana zurückgekehrt. Man hatte ihn für tot gehalten, bis ihn plötzlich jemand wiedererkannte und die Menschen ihn auf den Schultern im Triumphzug durch Sarzana getragen haben. Der mit den Eseln war wieder da! Er erzählt bescheiden davon: So wie es in den Wäldern keinen Raum für Angst gab, gibt es heute keinen Raum für persönliche Eitelkeit.

Er war noch zu krank, um gleich politische Verantwortung zu übernehmen. Ein bißchen bedauert er, daß er nicht schon »der Bürgermeister der Befreiung« war. Dafür wurde er ein Jahr später und dann dreißig Jahre lang mit überwältigender Mehrheit gewählt. Einmal, und auch daran erinnert er sich leise lächelnd, hatte ihn seine Partei, die spätere KPI, noch nicht einmal aufgestellt. Mit einem wie Paolino Ranieri blieben natürlich interne Zwiste nicht aus.

In der kleinen Trattoria neben dem Museum ist alles mit leuchtroten Zweigen, mit Granatäpfeln und Kürbissen dekoriert. Die Granatapfelbäume sind in diesem Jahr besonders voll. Einer von ihnen wächst genau unterhalb des Hauses, in dem Paolino Ranieri gefangengenommen war.

»Für mich ist er ein Mythos«, sagt Francesca, die junge Museumsleiterin, »weil seine Gedanken so klar sind und er bedingungslos an die Menschheit glaubt.« Ob es das heute noch gibt? »Vielleicht sollte ich meine Biographie schreiben«, sagt Paolino, aber schließlich hat er sie zusammen mit den anderen für das Museum des Widerstands aufgezeichnet.

Er glaube an die Jugend, sagt Paolino, die heute Achtzehn- und Neunzehnjährigen, obwohl seine eigenen Erfahrungen mit der heutigen Zeit nicht vergleichbar sind: Das Gefängnis war seine Schule, den Gedanken an die Freiheit hatte er immer im

Kopf. Ob man sich das heute überhaupt noch vorstellen kann?

Jedenfalls hat das Museum der Bevölkerung der umliegenden Dörfer einen Teil der eigenen Geschichte zurückgegeben.

»Das, was die Menschen hier erlebt haben, ist eine universelle Erfahrung: Wenn eine Frau erzählt, wie sie deportiert wurde, dann ist es egal, in welchem Land und zu welcher Zeit das geschehen ist. Und wenn ein Mensch mitansehen mußte, wie seine nächsten Angehörigen getötet wurden, dann ist es nicht mehr wichtig, wo dieses Massaker stattgefunden hat.« Daher ist das Museum von nationaler und internationaler Bedeutung.

Viele Gewaltaktionen fanden in völlig abgelegenen Dörfern statt, in denen mit dem Massaker jedes Leben ausgelöscht wurde. Paolo Pezzino wundert sich oft darüber, daß nach solchen Tragödien das Leben einfach weitergehen kann. »Ich glaube, daß solche Tragödien einen unüberwindlichen Bruch im Leben eines Menschen darstellen. Manchmal spürt man das Trauma daran, wie obsessiv die Menschen von diesen Erinnerungen erzählen. Das zeigt für mich, daß in ihrem Innern etwas zerbrochen ist.«

Ganz am Anfang, erzählt Paolo Pezzino uns noch, als wir zum Meer hinunterfahren, habe er sich in der Rolle eines Psychoanalytikers wiedergefunden, auf den die Menschen ihre ganze Trauer über die tragischen Ereignisse der Vergangenheit projizierten, um sie endlich verarbeiten zu können. Und, fügt er nachdenklich hinzu, während wir über die Hügel des Apennin zum Meer hinuntersehen, leider wisse er immer noch nicht, ob ihnen das am Ende gelungen sei.

Das gute Meer

Sirenen und andere Wunder

Der Verlauf der italienischen Riviera berechnet sich nicht nach normalen geographischen Maßeinheiten, sondern nach dem Sonnenauf- und -untergang: Von der Riviera di Levante im Osten bis zur Riviera di Ponente im Westen bricht sich das Licht jeden Tag neu in den Wellen des Meers. Allein der Anblick des Sonnenaufgangs läßt träumen: Wenn die Morgenröte das Meer in einen wärmenden Mantel aus unzähligen rosafarbenen Schattierungen hüllt, scheint das Paradies zum Greifen nah. In der fahlen Dämmerung sind im Osten noch die Lichter von Livorno, die Umrisse der ehemaligen Gefängnisinsel Capraia und manchmal sogar die verschwommenen Konturen der Insel Gorgona vor Korsika zu sehen. Wenn die Sonne langsam höher steigt, bildet die ständige Verbindung von

Licht und Meer einen Spiegel vor dem Hintergrund der immergrünen Landschaft.

Nach Sonnenaufgang ist das Meer klar und strahlend blau, eine glatte, lichtglänzende Fläche, die unter den letzten Nebelschwaden schon flüchtig von der Wärme des Tages berührt wird.

Gibt es so etwas wie eine geheime Magie der Orte, die den Menschen ihren ureigenen Rhythmus aufzwingt? Vielleicht ist die italienische Riviera so ein Ort. Die Morgen sind hier immer sanft und voller Sehnsucht. Die Schritte der Menschen sind noch langsam und verhalten, weil die Entscheidung, an der Riviera zu bleiben, immer schon den traurigen Vorgeschmack von Abreise in sich trägt. Es scheint, als seien sich die Menschen dieses Konflikts ständig bewußt. Diese Unruhe, die den ständigen Blick über das Meer begleitet, dauert den ganzen Sommer lang an. An der Riviera ist es ohnehin schwierig, den Blick vom Meer zu lösen, um einer Beschäftigung nachzugehen.

Erst im Herbst, wenn der Südwind roten Wüstensand aus Afrika herübertreibt und gierige Wellen die kleinen Häfen bedrohen, werden die Menschen ruhiger: als ob eine höhere Macht sie endlich zum Bleiben zwänge. Dann ziehen sich die Ligurer in ihre Häuser zurück und gehen wieder daran, Schiffe aus Holz und neue Häuser aus Stein zu bauen. Anders war es auch damals nicht, als das Leben an der Küste begann.

Wenn dann die Sonne jeden Mittag am höchsten Punkt des Horizonts steht, jagt ihre geballte Kraft Lichtfetzen über das Wasser, die von weitem wie kleine Inseln aussehen: hauchzarte Phantasiegebilde, die in der nächsten Facette des Lichts wieder untergehen. Wenn es stürmt, sehen sogar die vereinzelten Wolken wie Inseln über dem Meer aus. Dann kommen die Boote schneller zurück, und die Seeleute sind froh, daß die ligurische Küste aus unzähligen Anlegestellen besteht. Überall stehen warnende Leuchttürme, deren Feuer früher mit Erika aus den Wäldern entfacht wurde.

Gegen Abend verlieren sich die hellgrauen Wellen in den Farben des Horizonts. Wenn dann die Sonne über der Riviera di Ponente langsam untergeht, wirft das Meer ihre Strahlen auf die Landschaft zurück und taucht Berge und Täler in irreal glühende Farben. Keiner Postkarte würde man glauben, was man hier jeden Abend mit eigenen Augen sieht: ein Ball aus Feuer, der im Blau versinkt. Dann sitzen die Menschen auf den Plätzen ihrer Dörfer und Städte und sagen, ihre Küste sei die schönste der Welt.

In klaren Nächten sieht man die Lichter entfernter Städte ebenso wie die der Fischerboote – und das dunkle Meer im kalten Mondlicht. In manchen Sommernächten riecht man es nur, wenn sich sein Geruch mit dem Duft der Macchia, der würzigen Mischung aus Lorbeer, Pinien, Wacholder, Myrthen, Erika und Ginster, vermischt. Nachts fallen Sternschnuppen herab, die es nirgendwo so häufig wie an der Riviera gibt. Vielleicht erfüllen sich Wünsche hier etwas schneller, weil der Himmel immer wieder seine leuchtenden Grüße schickt?

»Das Mittelmeer ist keines der Meere, wie es euch die alten Seeleute erklären könnten, die richtigen, die noch erlebt haben, was es heißt, an der Küste entlangzufahren oder aber den Ozean zu überqueren. Das Mittelmeer besteht aus einer unendlich langen Küste voller Anlegestellen und Schutzmöglichkeiten; gleich hinter der Küste liegen Hügel und Häuser, in deren Schatten zwischen Pergolen und Weinreben die Seeleute Zuflucht suchen und kurze Zeit später wieder zum Hafen hinabsteigen und sich erneut auf den Weg machen«, schreibt der ligurische Autor Maurizio Maggiani.

Das ligurische Meer ist tief und wild, nicht flach und salzig wie die Adria. Trotzdem ist es ein gutes Meer, sagen die Menschen an der Küste, weil es trotz seiner Unbezähmbarkeit ein Gefühl von Heimat und Vertrautheit vermittelt. Denn obwohl der Weg von hier aus bis nach Gibraltar und von dort auf die Weite des Ozeans hinausführt, ist die Riviera eine große Raststation: Mit seinen vielen Häfen hält dieses Meer Fluchtwege und schützende Buchten bereit, bevor es die Menschen und ihre Schiffe ihrem Schicksal entgegentreibt. *Mare profondo, povero di pesci*, ein tiefes, fischarmes Meer haben die Alten über das Meer vor Ligurien gesagt. Deshalb hat der

Fischfang hier immer nur eine untergeordnete Rolle gespielt, was sich auch in der ligurischen Küche zeigt. Die Tiefe hat allerdings dazu geführt, daß das ligurische Meer nicht über die Maßen geplündert wurde. Man fischt zwar mit Netzen an der Küste entlang, aber häufig nur für den Eigenbedarf. Was in den örtlichen Restaurants auf den Tisch kommt, wird selten vor der ligurischen Küste gefischt. Muscheln, Goldbrassen und Seezungen werden aus Livorno oder gleich aus dem Süden angeliefert. Blaue Fische – die hochgeschätzten Sardinen – oder Brassen reichen gerade für den Eigenbedarf. Die Felsen vor der Küste sind mit buntschillernden Schwämmen und mit rot- oder lilafarbenen Meeresanemonen bedeckt. Inzwischen wurden an der ganzen Küste entlang – wie vor den Cinque Terre oder vor Portofino – *parchi marini*, Meeresreservate, eingerichtet. »Anschauen, nicht anfassen«, dieses Motto soll das Meer vor weiteren menschlichen Raubzügen schützen. Meist ist das Wasser klar, weil die Provinz Ligurien ein gut funktionierendes Netz von Kläranlagen eingerichtet hat.

Manchmal tobt das Meer, und dann spritzt die weiße Gischt bis zu den Häusern hinauf und reißt alles fort, was sich ihm in den Weg stellt, bevor es sich wieder besänftigt auf den Weg nach Gibraltar macht. Einmal im Jahr fordert es grausame Menschenopfer, meist, wenn ein unbedachter Besucher seine Macht vergessen hat und sich zu nah ans Ufer wagt. Doch am nächsten Tag wird es wieder zum leuchtenden Mantel und bietet allen, die es respektieren, Nahrung und Schutz. In der Genueser Kirche San Giovanni Battista ist angeblich ein Knochen von Johannes dem Täufer aufbewahrt, den man in manchen stürmischen Nächten dem Meer gezeigt hat, das sich daraufhin auf der Stelle beruhigt haben soll.

Das ligurische Meer ist voller gefährlicher Strömungen und zu tief, als daß man hier Anker setzen könnte. Der Meeresspiegel des Mittelmeers liegt etwas niedriger als der des Atlantik, so daß bei der Meerenge von Gibraltar mehr Wasser herein- als hinausströmt. Dadurch entstehen zahlreiche Strömungen, die von Ost nach West und mit einer Geschwindigkeit von einem Knoten – was zwei Stundenkilometern entspricht – die Küste umspülen.

Aber ebenso gefährlich wie die Strömungen sind die Winde. Der Südwestwind jagt die Wellen bis zu sechs Meter hoch, und bei dem Versuch, in den Hafen einzufahren, können Schiffe sogar stranden. Deshalb haben Städte wie Genua ihre Häfen mit einem vorgelagerten Staudamm geschützt. Doch trotzdem kommt es vor, daß das tobende Meer eine Bresche schlägt. In den kleinen Wallfahrtskirchen über der Küste sieht man auf alten Votivbildern nicht selten Schiffe und Boote, denen der Wind ihre Masten entrissen hat. Doch die alten Seeleute erkannten den nahenden Sturm rechtzeitig am Flug der Möwen, den Wolken und der Form der Wellen.

Auch deshalb sind Möwen noch heute sehr respektierte Tiere – oder weil sie einfach ungenießbar sind.

Die Seealpen und der Apennin, die Ligurien begrenzen, halten die Wärme an der Küste und schützen gegen den kalten Tramontana-Wind aus dem Norden. Das Meer erwärmt sich schneller als die Erde und kann deshalb Wärme abgeben, denn je tiefer es ist, umso mehr Wärme kann es speichern und auf die Küste ausstrahlen. Aus diesem Grund sind die Temperaturschwankungen an der Riviera geringer als in anderen Regionen: In Mailand beträgt die Differenz zwischen Höchst- und niedrigsten Temperaturen 24 Grad, in San Remo hingegen höchsten 14.

Die beiden Rivieren, wie man in Ligurien die Costa di Levante und die Costa di Ponente nennt, sind mit ihren über 320 Kilometern die längste Küste Italiens, und doch besteht die Region zu über achtzig Prozent aus Bergen. Im Hinterland leben etwa acht Einwohner auf einem Kilometer, während es an der Küste ein Vier- oder Fünfhundertfaches ist. Das doppelte Gesicht der Riviera wurde in alten Legenden mit dem doppeldeutigen Wesen der Sirene verglichen: bezaubernd, manchmal bedrohlich und immer geheimnisvoll. Wenn im Frühjahr und Herbst dichter Nebel über den Bergen hängt, weil die Feuchtigkeit vom Meer über die Hügel steigt, ist es, als gingen Meer und Landschaft eine immer neue, archaische Verbindung ein, in der die Steine der Häuser nur ein mühsam geknüpftes, endliches Spinnennetz sind.

Manchmal zeichnet der Nebel die Konturen der Landschaft nach, manchmal verhüllt er sie. Bei Sonnenschein ist es eine magische Landschaft von intensivem Grün, das nur das Vorspiel für die Größe und Weite des Meeres ist. Wer an der ligurischen Küste lebte, war allen Launen der unberechenbaren Natur ausgesetzt. Das hat bis heute den Charakter der Menschen geprägt.

Um sich vor den Piraten zu schützen, siedelten sich die ersten Ligurer nicht am Meer, sondern auf den bewaldeten Hügeln des Hinterlands an. Erst viel später, als die Küste durch die Macht der Seerepublik Genua allmählich sicherer wurde, zogen sie am Lauf der Wildbäche entlang zur Küste hinab. In der Geschichte Liguriens haben die Bewohner des Hinterlands und der Küste ihre Aufgabe im Leben genau aufgeteilt: Die Bauern sind Hüter, die Seeleute Abenteurer. Die Wege, die durch die halbverlassenen Dörfer mit ihren Steinhäusern führen, sind nur in den seltensten Fällen asphaltiert. Manchmal schaut eine alte Frau mit wettergegerbtem Gesicht und weißem Kopftuch verschmitzt lächelnd hinter den Sonnenblumen hervor.

Die Herkunft der Ligurer, wahrscheinlich keltischen Ursprungs, ist so ungewiß, daß man immer wieder zu Mythen Zuflucht nehmen muß. Die Ligurer, so schrieben schon römische Historiker, seien keine schönrednerischen Latiner, sondern ein Stamm präromanischer Herkunft mit stolzem Blick und rauher Stimme, »wo die Frauen die Kraft von Männern und die Männer die Kraft von Tieren haben«, wie Umberto Eco ergänzt.

Heute scheint im Hinterland der Riviera fast überall die Zeit stehengeblieben zu sein. Vielleicht sind deshalb die Menschen hier verschlossen und heiterer zugleich, so als fänden sie sich gelassen mit ihrem Schicksal ab, nicht am Meer zu leben. Nur die uralten Handelswege – früher Eselspfade – führen hinunter zum Meer. Erst am Ende jedes Tals öffnet sich der Blick hinaus in die Ferne.

Wenn es im Frühjahr oder Herbst sanft regnet, dann ist es, als beugten sich die Bäume unter der Last der Wassertropfen und verneigten sich vor der Unendlichkeit des Meers, das zwar noch nicht zu erkennen, aber in der Ferne schon zu riechen ist. Der Regen weht von Nordosten und bildet eine Barriere gegen den Wind. Dann stürzen die vorher kaum sichtbaren Wildbäche, die die Landschaft durchziehen, mit neuer Wucht hinunter zum Meer und reißen manchmal neu erbaute Straßen fort. In ganz Ligurien haben sich die Errungenschaften der neuen Zeit nur wie eine vorübergehende Schicht über die Unberechenbarkeit der Natur gelegt: Unterworfen wurde sie nicht. Hier ist das Land eine Fortsetzung des Meeres und bildet in den Formen der Landschaft die Bewegung der Wellen nach. Steine fügen sich zu Trockenmauern, die in schützenden Linien die Formen der Hügel nachziehen. Terrassenförmig angelegte Olivenhaine und Weingärten sind mit ihren silbrigen oder grünen Blätter selbst eine Fortsetzung der glitzernden Oberfläche des Meeres.

In den Dörfern verbinden sich die Steine zu schützenden Mauern und den typischen *caruggi*, den Gassen mit ihren uralten Durchgängen. Gassen und Torbögen bilden ein faszinierendes Wechselspiel aus Licht und Schatten, die bei genauer Betrachtung eine Fortsetzung der gleitenden Wellen sind. In Westligurien ragen Steinblöcke aus geheimnisvollen Wäldern auf, die allein schon, wie die *balzi rossi*, die Felsen mit den berühmten Graffitti, an eine archaische Urlandschaft erinnern. Der Dialog zwischen Erde und Meer, so kann man an den Felszeichnungen erkennen, hat in Ligurien schon vor Urzeiten begonnen. Selbst an der Riviera mit ihren noblen Badeorten und den Blumenplantagen, die die alten Wein- und Olivenkulturen verdrängt haben, formen die Reihen der Liegestühle und Sonnenschirme die Wellen des Meeres nach.

Ligurien ist viel zu schmal, um mehr als ein Streifen auf der Landkarte zu sein, der jeden Augenblick im Meer zu versinken scheint. Aber das passiert nicht, weil das ligurische Meer ein gutes Meer ist und den Menschen im Lauf der Zeit seine eigenen Gesetze anvertraut hat.

Wenn man schließlich an der Küste entlang von Osten nach Westen fährt, hat man unablässig ihre Schönheit vor Augen. 1870 wurde die Eisenbahn zwischen Ost- und Westligurien gebaut und die ersten staunenden Reisenden hierhergebracht. »Was sind alle Städte und Schönheiten dieser Welt«, schrieb der französische Reisende Charles de Brosses im achtzehnten Jahrhundert, »wenn man einmal die Riviera gesehen hat?«

Auf dieser Küstenstrecke gibt es so viele Tunnel wie Dörfer, was einen merkwürdigen Effekt hat: Man taucht ins Dunkel ein und wird bei jedem Ausgang mit einem überwältigenden Ausblick auf das Meer belohnt. Meist sind die Bahngleise von hohen Zementmauern gestützt – kein schöner Anblick –, was aber zum Schutz der Dörfer und der Bahnlinie notwendig ist. Sonst würden die schmalen Häuser ebenso wie die Gleise bald vom Wasser überschwemmt. Wenn der Zug Ligurien verlassen hat, ist es seltsam, nicht mehr in Schiffen, Steinen, Wellen und Sonnenauf- und -untergängen zu denken. Ist man einmal die dreihundert Kilometer Küste entlanggefahren und hat das Grün des Hinterlands und das Blau des Meeres zu jeder Tageszeit bewundert, ist es meist zu spät: Die Sehnsucht treibt immer wieder an die ligurische Küste zurück.

Maurizio Maggiani hat es in seine eigenen, kundigen Worte gefaßt:

»Das Mittelmeer ist das Tor zum Ozean, zum Rest der Welt, dahin, wo es alles, aber auch wirklich alles gibt. Alles bis auf dies: ein Stück Brot mit Sardinen und einem Tropfen Öl. Wer gelernt hat, in der weiten Welt seinen Weg zu gehen, muß am Ende doch ans ligurische Meer zurückkehren, wenn er sich nach diesen ärmlichen Dingen sehnt. Und wenn alle Rechnungen beglichen sind, sind das die einzigen Dinge, die wirklich berühren und den Wunsch nach Ruhe auslösen.«

Menschen in Grandhotels

Die illustre Vergangenheit der Riviera

Der unscheinbare Bahnhof von Santa Margherita zeigt noch heute untrügliche Spuren vergangener Pracht: Im Wartesaal sitzen die wenigen Reisenden neben einem pompösen, dunkelroten Marmorkamin. Auch wenn hier schon lange kein Feuer mehr brennt, erinnert der Kamin an eine Zeit, als die Riviera bevorzugtes Ziel illustrer Reisender war. Die waren zuerst einmal grenzenlos erstaunt, wenn sie aus dem nebligen Norden an die Küste Liguriens kamen: »In den Gärten der Villen wachsen Orangen und Granatäpfel, und die blühenden Zitronenbäume erinnern an den Frühling, wenn im Norden der Winter naht«, schrieb Hans Christian Andersen. An seinen Aufenthalt erinnert ein Literaturpreis, der noch heute in Sestri Levante verliehen wird. Die

Riviera kam ihm wie eine phantastische Märchenwelt vor. »Die Küste ist eine einzige Pracht. Zu beiden Seiten der Straße wachsen hohe Aloebäume, und auf den Hängen wechseln sich die lebhaftesten Farben ab. Die Bäume sehen wie pralldekorierte Fruchtkörbe aus.«

Wie überall an der Riviera führen kurvige Wege und steile Treppen vom Bahnhof zur Küste hinab. Dort rahmen prachtvolle Villen und Grandhotels den kleinen Hafen ein. Von weitem sehen sie wie irreale Überbleibsel einer phantastischen Zuckerbäckerarchitektur aus. Menschen spazieren auf der Promenade in Richtung Portofino.

Der Pelzmantel der Signora verströmt einen durchdringenden Geruch nach Mottenkugeln, als ihr Giulio Ciana ein Stück Geschichte an der Wand seines Hotels »Regina Elena« zeigt. Aus dem Jahr 1905 stammt das Schreiben, das er schön gerahmt in den kleinsten und intimsten Salon des Hotels gehängt hat. Manchmal finden wie jetzt neugierige Gäste in der Abenddämmerung vor dem Aperitif hierher. Der königliche Minister Ponzo Vaglia teilt in diesem Brief in ausgesuchten Formulierungen mit, daß es Ihrer Majestät Königin Elena zur Ehre gereichen würde, wenn das neuerbaute Hotel ihren Namen trüge. Das Schreiben ist mit dem königlichen Siegel versehen und in eleganter, steiler Handschrift verfaßt. Draußen im Flur hängt ein Bild der Königin Elena, der Prinzessin aus Montenegro, neben Königin Marie José von Italien, erklärt Ciana und dreht das Schreiben mit dem königlichen Siegel um. Der Minister, der es schrieb, stand neben Umberto I., als dieser wenig später ermordet wurde.

Königinnen, Großherzöge, Fürstinnen: Giulio Ciana spricht über sie wie über entfernte Verwandte, deren Namen vertraut und die aus seiner eigenen Geschichte nicht mehr wegzudenken sind. Schließlich stammt er selbst aus einer Dynastie von Grandhotelbesitzern, deren Leben sich über ein Jahrhundert lang in den Palästen von Santa Margherita mit dem Alltag gekrönter Häupter gekreuzt hat. Ihnen nämlich haben die Cianas seit Urgroßvater Gaudenzios Zeiten beim Aufstehen, den Mahlzeiten und am Strand zugesehen: »Ich bin der letzte Ciana, der zwischen den beiden Kriegen noch in einem Hotel geboren wurde«, sagt Giulio Ciana, während er auf den sorgfältig gezeichneten Stammbaum blickt. »Mein Urgroßvater war der Sohn armer Bauern, der es am Orta-See im Piemont durch Fleiß und unternehmerischen Geist zu einem kleinen Hotel gebracht hat.« Es ist später Nachmittag in dem kleinen Salon, wo man etwas von der Eleganz der Vergangenheit in die nüchterne Gegenwart herübergerettet hat. Leider sei die alte Jugendstilfassade des Hotels in den sechziger Jahren renoviert worden, sagt Giulio Ciana, und bei der Einrichtung von Hotels lege man heute eher Wert auf Funktionalität. Doch in dem kleinen Salon sieht es noch wie damals aus: Spiegel, Kristallleuchter, Plüschsofas und ein eleganter Beistelltisch, auf den Ober Renzo den perfekt gekühlten Champagner stellt. Die meisten Fenster des Hauses gehen aufs Meer hinaus: In der beginnenden Dämmerung wirft die Sonne noch die letzten, kitschig goldenen Strahlen herein. Ein paar Minuten lang sieht die ganze Bucht wie in ein unwirklich blaues Licht getaucht aus. Die Küste von Rapallo, Santa Margherita und Portofino ist der einzige Ort der Welt, sagt Giulio Ciana, an dem man noch die sogenannte blaue Stunde, den wahren Reiz einer *heur bleu*, erleben kann: Hier findet man die richtige Stimmung, das richtige Licht und den Champagner dazu. Draußen auf der Uferpromenade sind in kleinen Halbkreisen tanzende Delfine, das Wahrzeichen der *costa dei delfini* abgebildet. »Küste der Delfine«, nach dem alten lateinischen Namen von Portofino, »Portus Delfinus«, oder »Golfo del Tigullio« wird dieser berühmteste Teil der Riviera genannt. Die zerklüftete ligurische Küste bildet mit ihrer Wildheit einen beeindruckenden Kontrast zu den prachtvollen Bauten der Belle Époque. Früher gehörten Portofino, Santa Margherita und Rapallo noch zusammen und hatten einen gemeinsamen Bahnhof. So wurde der Vertrag von Rapallo, der den Ersten Weltkrieg beendete, nicht etwa in Rapallo, sondern in den Villen und Grandhotels von Santa Margherita ausgehandelt und schließlich hier unterzeichnet, erklärt Giulio Ciana, während er auf die Villa Durazzo, die »Villa des Vertrags« weist. Bereits nach der Gründung des Königsreichs Italien 1860 hatte man, um den schon berühmten Ort von anderen gleichen Namens zu unterscheiden, die Erläuterung »Ligure« hinzugefügt. Natürlich war auch Umberto I. häufig nach Santa Margherita gekommen. Wovon die Leute hier lebten, erkundigte er sich bei einem seiner Besuche. »Entweder sind sie Fischer oder reich«, lautete die lapidare Antwort.

Es ist auffallend ruhig an diesem Wintertag, und nur wenige Besucher haben im strömenden Regen den Weg nach Santa Margherita gefunden. Die glorreiche Zeit sei schon lange vorbei, sagt Giulio Ciana, das Zeitalter des Massentourismus habe aber auch sein Gutes, weil reisen nicht mehr das Privileg einer reichen Minderheit ist. Die illustren Reisenden der Vergangenheit haben nicht etwa ein paar Tage im Sommer, sondern den ganzen Winter in Santa Margherita verbracht. Dafür war der Ort berühmt, und natürlich blieb der Adel hier unter sich. Mit ihrer gesamten Entourage, Kindern, Tanten, Zofen und Hauslehrern sowie riesigen Kleiderkoffern waren russische Großherzöge und Gräfinnen im neunzehnten Jahrhundert an die Riviera gereist und hatten alle vierzig oder fünfzig Zimmer eines Hotels belegt. Im November kamen sie an und reisten im März wieder nach Sankt Petersburg ab. In der Zwischenzeit gaben sie hier ein Vermögen aus. Manche Geschichten wurden von Generation zu Generation überliefert: von dem russischen Fürsten, der mitten im Januar am liebsten geeiste Pfirsiche aus den Gewächshäusern der Riviera aß und dafür ein Vermögen bezahlte. Oder von dem Fürsten Michael Baskakov, Dauergast an der Riviera und Protagonist des mondänen Lebens seiner Zeit, der sich so sehr vor »gebrauchtem« Geld ekelte, daß er sich jede Woche eine riesige Ladung neuer Marenghi aus der Münzpräganstalt in Turin kommen ließ. Natürlich verzichtete er aus Gründen der Hygiene jedesmal großzügig auf den Rest. Was für eine Epoche der Gegensätze – 1892 wurde in Genua, eine halbe Stunde entfernt, die Sozialistische Partei Italiens gegründet.

Aus einer Truhe holt Giulio Ciana alte Fotos und Dokumente hervor, die von vergangener Pracht zeugen. Mit dem Blick über das Meer schenkt Ober Renzo das erste Glas Champagner ein, und nach einer Weile gesellt sich Giulios Freund, der Historiker Alfredo Bertollo, dazu.

Die geschützte Lage am Golf hat Santa Margherita schon vor langer Zeit zu einem bevorzugten Aufenthaltsort illustrer Gäste gemacht. »Die ersten Reisenden, deren Stimme überliefert ist, kamen unfreiwillig hierher«, erzählt Alfredo Bertollo, »weil sie auf dem Weg nach Genua Schiffbruch erlitten oder ein Unwetter sie an der Weiterreise hinderte.« Zuerst fällt ihm Francesco Petrarca ein, der in seinem auf Latein verfaßten Gedicht *Afrika* schon im vierzehnten Jahrhundert von den Winden, den Wäldern und Bergen über der Küste sprach. Damals waren die

Klöster die einzigen Herbergen, in denen Reisende Zuflucht fanden. Und es gab nur den Weg über das Meer, die Eselspfade über den Apennin waren gefährlich und unwegbar.

Maria de'Medici landete hier, als sie sich in Begleitung königlicher, päpstlicher und großherzoglicher Galeeren ebenfalls bei einem Unwetter vor der Küste befand. Bereits im sechzehnten Jahrhundert erkundete sie die später berühmt gewordenen Wanderwege.

Zur Zeit der Maria de'Medici entstanden die ersten prachtvollen Villen an der Küste. Und das, erklärt Alfredo Bertollo, hat auch mit der recht verwikkelten politischen Geschichte Genuas zu tun: Fast alle der späteren Grandhotels, sogar das »Imperial«, entstanden als private Villen. Als Dank für die Hilfe gegen die Franzosen hatte der spanische König Karl V. seinem Verbündeten Andrea Doria und den Genuesern das Monopol des Goldimports aus den spanischen Kolonien in Südamerika überlassen. Mit dem weitverzweigten Handel und dem spanischen Gold begann nach Dorias Konsolidierung der Adelsrepublik 1528 der enorme Reichtum der Stadt, der sich in den prächtigen Villen entlang der Küste manifestierte. An der Riviera waren die Villen prunkvoller als in Genua, wo die Republik strenge Regeln gegen die Demonstration von allzu großem Reichtum aufgestellt hatte. »An der ganzen Küste entlang bilden die mit Fresken verzierten Villen eine einzige

Pracht«, schrieb einer der ersten Reisenden, der Franzose Charles de Brosses, im achtzehnten Jahrhundert.

Bereits im siebzehnten Jahrhundert wurden in Santa Margherita weithin bekannte Handelsmessen abgehalten. Mit dem wachsenden Reichtum nahm allerdings auch die Gefahr von sarazenischen Überfällen zu, gegen die man sich durch aufwendige Festungen zu schützen suchte.

Mit der Fertigstellung der Eisenbahn und der ersten Küstenstraße 1879 wurde die Schönheit der Riviera weithin bekannt. Damals hatte sich auch Giulio Cianas Urgroßvater auf den Weg dorthin gemacht. Das »Metropole« pachtete er zunächst nur, aber nach seinem Tod hat es die Witwe seines Sohn Giovanni erworben, während sein Sohn Alberto gleichzeitig das Hotel »Continentale« baute. Der unternehmerische Geist, vom Urgroßvater geerbt, führte innerhalb von drei Generationen dazu, daß die Familie Ciana an der Küste so etwas wie eine Hotelierdynastie geworden ist. Vier der großen Hotels in Santa Margherita werden von ihm gemeinsam mit seinem Bruder und die anderen von seinen Cousins geführt. Bis auf das »Imperial«, das heute einem Industriellen gehört, sind alle Hotels in Santa Margherita in Familienbesitz. Natürlich ist es einfacher, zu einer Hotelkette zu gehören, sagt Giulio Ciana. Aber ein alteingesessenes Familienunternehmen hat seinen besonderen Reiz.

Hinter den weißen, wehenden Vorhängen verborgen hat sich die Geschichte von Giulios Familie manchmal auch mit der der großen weiten Welt gekreuzt. Was haben die russischen Adligen und andere vornehme Gäste eigentlich den ganzen Tag lang gemacht? »Sie zogen sich ständig um, gaben Empfänge und fuhren manchmal nach Portofino-Vetta oder nach Ruta oberhalb von Camogli hinauf, um von dort aus, sorgfältig unter ihren Sonnenschirmen verborgen, das Meer anzuschauen.«

Um die Jahrhundertwende kamen dann Künstler und Schriftsteller hierher und haben in ihren Bildern, ihrer Musik oder ihren Büchern die Küste wirklich berühmt gemacht.

Bereits im Sommer 1853 hatte Richard Wagner seiner Frau vom duftenden Oleander und den »göttlichen Nächten« an der Riviera berichtet. Im Dämmerlicht des kleinen Salons ist es nicht mehr wichtig, ob solche Geschichten wahrheitsgemäß überliefert oder schon längst im Reich der Mythen und Anekdoten angesiedelt sind: Die vom wilden Sturm etwa, den Wagner von Castelletto aus beobachtete und der ihn angeblich zur Musik des »Walkürenritt« inspiriert hat.

Auch Friedrich Nietzsche hat in den achtziger Jahren des neunzehnten Jahrhunderts einige Winter hier verbracht. Zwar wohnte er nicht in einem Grandhotel, sondern in der bescheidenen Pension »Marsala« in Rapallo, die es heute unter dem Namen

»Vesuvio« noch gibt. Allerdings störte das laute Schlagen der Wellen seinen Schlaf so sehr, daß er im nächsten Winter in das abgelegene Ruta bei Camogli zog. Früher ist Giulio Ciana alle Wanderwege gegangen, von denen aus der Philosoph nachdenklich über das Meer geblickt hat. Heute hat er dazu kaum Zeit, aber viele der heutigen Gäste kommen immer noch wegen dieser berühmten Wanderwege – und der phantastischen Aussicht – hierher. Hier hat Friedrich Nietzsche seinen »Zarathustra« erdacht, oder war ihm, wie er selbst schrieb, auf seinen nachmittäglichen Spaziergängen in der Bucht von Santa Margherita oder zwischen Ruta und Zoagli begegnet. In seinem *Ecce Homo* beschreibt er Portofino als ein kleines, vergessenes Universum des Glücks, einen »magischen Traum«, den man mit offenen Augen sieht.

Nicht wie heute im Sommer, sondern im Winter, wenn das Klima an der ganzen Küste besonders mild ist, suchten Dichter und Denker die Riviera auf. Fast gleichzeitig mit Nietzsche legte der bereits berühmte Guy de Maupassant mit seiner Yacht »Bel Ami« im Hafen von Santa Margherita an. Beim Anblick des einmaligen Kontrasts von grüner Landschaft und Meer habe er seinen Seelenfrieden gefunden, schreibt er später.

Freud hielt sich 1905 in Rapallo und im nahen Nervi auf, wo ihn die Berge an die Bilder Böcklins erinnerten und wo er manchmal ein paar Tintenfische fing. Allerdings, fand Freud, müßte man Dichter sein, um diese Landschaft überhaupt beschreiben zu können. Wie merkwürdig, daß gerade ihm der Name Nervi einmal entfallen sei, dabei habe er doch so viel mit den Nerven zu tun, schrieb er in einem Brief. Ein wenig betrübt sei er doch, nicht als Genueser Adliger auf die Welt gekommen zu sein, heißt es weiter.

Das war die Zeit, als es in den Hotels bereits Aufzüge und Zentralheizung gab, und Freuds Gedanken und Marconis Erfindungen die Welt zu verändern begannen. Santa Margherita hatte zwar noch keine Straßenbeleuchtung, weil der Bürgermeister diese neumodischen Dinge für zu kostspielig hielt, aber der geniale Erfinder Guglielmo Marconi machte hier seine ersten Versuche mit Radar und Radiowellen. Seine Yacht »Elettra« lag im Hafen, seine Tochter Elettra sah vom Ufer aus lächelnd den Versuchen zu. Auf der Terrasse des Hotels »Miramare« erinnert eine Gedenktafel an den Aufenthalt des berühmten Erfinders.

1905 verbrachte Kandinsky den Winter an der Riviera und fing die Farben der Landschaft in seinen Bildern ein. Auch der Dresdner Fotograf Alfred Noack, dem man in Santa Margherita viele Ausstellungen gewidmet hat, ging in seiner eigenen Arbeit eine intensive Verbindung mit der ligurischen Landschaft ein. 1912 hat Gerhard Hauptmann in Paraggi, einem Ortsteil von Portofino, den Winter verbracht. Im »Café Colombo« in Santa Margherita, erzählt

Alfredo Bertollo, nahm er meistens den Aperitif ein. Zwischen 1925 und 1940 kehrte er immer wieder zurück, zur selben Zeit, als Ernst Bloch im Schein seiner Reisepetroliumlampe in einem einsamen Haus in den Bergen seine Gedanken niederschrieb.

Es ist später Nachmittag im »Regina Elena«, langsam füllt sich der Salon mit Gästen. Draußen gehen die Scheinwerfer unter der riesigen Palme an. Giulio Ciana sitzt mit dem Rücken zum Meer – den Gästen gebührt der Ehrenplatz, denn schließlich hat er sein ganzes Leben in der märchenhaften Bucht verbracht. Er ist im Hotel aufgewachsen, hat die unzähligen Geschichten seiner Mutter und Großmutter gehört und bereits mit sieben Jahren in der Küche und im Keller geholfen. Als er ein kleiner Junge war, konnte man die Blätter der Palme mit den Händen berühren, erinnert er sich, heute überragt sie beinahe das Dach des Hotels.

Die Geschichten und Ereignisse, die sich hier abgespielt haben, sind manchmal Teil der großen Geschichte, gleichzeitig aber zum Greifen nah, wenn Giulio Ciana sie erzählt.

1921 wurde hier nach den Verhandlungen im »Imperial« und in der Villa Durazzo der Vertrag von Rapallo ausgehandelt. Sein Vater habe unbedingt dabeisein wollen, erzählt Giulio Ciana, und als Kellner verkleidet König und Staatsmänner bedient. Nie hat er den funkelnden Blick des italienischen Königs, dieses kleinen Mannes, vergessen, mit dem der die anwesenden Staatsmänner angeschaut hat. Im Zweiten Weltkrieg machten nach dem 8. September 1943 die deutschen Truppen die Ciana-Hotels zu ihrem Hauptquartier, 1945 zogen dann die alliierten Truppen ein. Dabei ging es recht zivil und ruhig zu, erinnert sich Giulio Ciana heute. Als Italien und Frankreich nach dem Zweiten Weltkrieg ihre diplomatischen Beziehungen intensivierten, fanden die einleitenden Gespräche im Hotel »Miramare« statt.

Immer mehr Menschen kommen aus der winterlichen Kälte herein. Wenn man sie bei ihren Gesprächen, in ein Buch vertieft oder beim Schachspielen beobachtet, bekommt man eine Ahnung davon, was Hotelkultur in der Vergangenheit bedeutet hat: Damals konnte man unterwegs, aber in der Geborgenheit des Grandhotels auch zuhause sein. In den Hotels mit den großen Namen ist etwas davon erhalten geblieben. An ein besonderes Hotel erinnere er sich, sagt Giulio Ciana, das »Kulm« in Portofino mit seinem Spiegelsaal, der wie die verzauberte, glitzernde Kulisse einer funkelnden Märchenwelt aussah. Jede Nacht tanzte man im Ballsaal, und am Tag gingen Giulio und die anderen Kinder dorthin, um ihre Gesichter in den konkaven und konvexen Spiegeln verzerrt zu sehen. Im Krieg wurde der Ballsaal zerstört und gleich darauf wieder aufgebaut. Wenn er an manchen Winterabenden an die Vergangenheit denke, sagt Giulio, komme es ihm vor, als erklinge leises Gelächter und das sanfte Klirren der

Gläser, wie er es als Kind in manchen Nächten gehört hat.

Schließlich erzählt Alfredo Bertollo noch ein letztes Kapitel der illustren Geschichte: Auch die Diven und Stars aus Hollywood, zunächst Vivian Leigh, Laurence Olivier und schließlich Rex Harrison, kamen nach Portofino. Harrison hatte sich oberhalb des Hotels »Splendido« in Portofino eine Villa erbaut und viele seiner berühmten Kollegen hierhergebracht. Die Eingangshalle im »Splendido« – diesen überaus passenden Namen gab dem Hotel der Dichter Gabriele D'Annunzio –, in der viele Fotos der Diven und Stars hängen, zeugt von dieser Zeit des Glamours.

Zwölftausend Einwohner hat Santa Margherita heute. Nicht alle leben vom Tourismus, viele fahren zur Arbeit ins nahe Genua und gehen dort einer Beschäftigung nach, die in keinem Bezug zur großen Vergangenheit Santa Margheritas steht. Als der Mond über der Küste aufgeht, erinnern die Grandhotels und Paläste beim Blick aus dem Fenster wieder an das bunte Zuckerwerk, das Königin Elena, die Prinzessin aus Montenegro, so gern in den berühmten Konditoreien von Rapallo aß. An diesem Teil der Küste haben die Launen und Bedürfnisse der Reichen der Landschaft einen ganz eigenen Stempel aufgedrückt. Am *lungomare*, der Uferpromenade, gehen Damen in Pelzmänteln mit kleinen, ebenso warm verpackten Hunden vorbei. Die alten Grandhotels, das »Metropole«, das »Continentale« und das luxuriöse »Imperial« beherrschen von ihrer erhöhten Lage aus die Bucht. Vielleicht hat gerade die unauffällige Fassade das »Regina Elena« zu einem angemessenen Ort der Gegenwart gemacht. Da hinten liegen die Cinque Terre, sagt Giulio Ciana, denen meist die erste Frage ausländischer Gäste gilt. Dort hinter den Bergen ist die andere Welt Liguriens, die das Leben in den Grandhotels nie kennengelernt hat.

Vom heutigen Tourismus sprechen wir, von Giulio Cianas Gästen, die bei Tee oder Champagner einen Augenblick lang auch nach der Atmosphäre der Vergangenheit suchen. Auf dem Dach des »Regina Elena« gibt es einen Swimmingpool und vom Hotel aus einen unterirdischen Gang hinüber zum Strand. Das größte Problem in Ligurien ist wie immer der enge Raum, aber das macht auch den besonderen Reiz der Landschaft aus. Und so bleibt das Parkplatzproblem an der Riviera ungelöst; früher war es einfach ruhiger, als man noch mit der Kutsche oder dem Zug fuhr. Giulio Ciana, von den Angestellten Signor Giulio genannt, nimmt Ober Renzo die Flasche ab und schenkt den Rest Champagner ein. Die meisten Angestellten arbeiten seit Jahrzehnten hier, man ist ein Familienverband. Und spätestens jetzt, wenn Giulio Ciana noch einmal augenzwinkernd in die Vergangenheit blickt, versteht man, daß er wirklich der Sohn einer großen Hoteliersdynastie und vielleicht auch so etwas wie ein Hüter glanzvoller Erinnerungen ist. »Zwischen den Kriegen kamen die Industriellen hierher, wirklich reiche Leute. Von deren neuem Reichtum hat sich meine Großmutter nie beeindrucken lassen. Im Hotel »Metropole« hatte sie ja noch die russischen Großherzöge kennengelernt, die mit den Zobeln, den Juwelen und dem tragischen Ende – die aus dem Hause Romanoff.

Genua – Europas Tor zum Mittelmeer

Was Plätze und Straßen von der Stadtgeschichte erzählen

Bereits seit dem Mittelalter ist Genua eine Stadt mit zwei Gesichtern. Aufgrund der unbekannten Vergangenheit der Ligurer, deren Herkunft in Legenden erzählt wird und weniger mit historischen Fakten belegt werden kann, haben Chronisten aus früheren Jahrhunderten auch bezüglich der Gründung Genuas immer wieder Zuflucht zur Welt der Mythen gesucht. So zeichnet der Geschichtsschreiber Jacopo Doria bereits im vierzehnten Jahrhundert auf, daß der doppelgesichtige Gott Janus Gründer der Stadt ist: Als er zusammen mit Äneas und Antenor aus dem brennenden Troja floh, soll er auf seinem Weg die Stadt am Meer gegründet haben.

In einem Dokument aus dem Jahr 1295, erzählt Ennio Poleggi, Historiker und hervorragender Kenner der Stadtgeschichte, habe er schon die entscheidende Auskunft gefunden: Die Stadtväter haben sich im dreizehnten Jahrhundert für die Deutung des Namens Genua, lateinisch *ianua*, das Tor, ausgesprochen. Der Name war Programm: Genua sollte von diesem Zeitpunkt an Europas Tor zum Mittelmeer werden.

In seinem Arbeitszimmer nimmt Ennio Poleggi einen alten Stich von der Wand, auf dem er die wichtigsten Plätze Genuas nachgezeichnet hat. Der Bau der städtischen Anlage beginnt im Mittelalter, und viele Straßen und Plätze aus dieser Zeit sind erstaunlich gut erhalten. Zuvor existierte an derselben Stelle eine römische Siedlung, die sich an den Rändern des Amphitheaters entlangzog und ihrerseits auf die Überreste einer noch früheren Siedlung aus dem sechsten oder fünften Jahrhundert vor Christus gebaut worden war.

In einem wichtigen Punkt unterscheidet sich Genua von anderen italienischen Städten – es ist nicht um eine zentrale Piazza als Mittelpunkt der Stadt konzipiert. »Manche sagen, daß Genua den größten und besterhaltensten mittelalterlichen Stadtkern Europas hat. Ich weiß nicht, ob man das so absolut sagen kann. Aber die Entstehung im Mittelalter hat der Stadt natürlich einen prägenden Stempel aufgedrückt.« In fast allen italienischen Städten liegt der zentrale Platz vor der Kathedrale, aber in Genua ist die Piazza vor San Lorenzo klein ausgefallen und von untergeordneter Bedeutung. Die vielen anderen kleinen Plätze in den engen Gassen der Altstadt wurden entweder nach den nahen Kirchen wie San Matteo oder San Luca, die oft im Familienbesitz der großen Familien waren, oder gleich nach deren Palazzi benannt. Auch die zahlreichen Brücken der Stadt laufen vom Hafen aus auf die Plätze vor den Palazzi der Adelsfamilien zu.

Das erlaube natürlich Rückschlüsse auf die innere Struktur der Genueser Gesellschaft, erklärt Ennio Poleggi: Die Macht der Stadt basierte auf dem Individualismus ihrer politischen Klasse und ihrer Bewohner. Das ist der größte Gegensatz zu Venedig, dessen Staatswesen straff organisiert war und wo das Wohl der Republik im Zweifelsfall über den Interessen des einzelnen stand. Sichtbarster Ausdruck dieser Entwicklung ist eben auch, daß Genua nie eine zentrale Piazza für alle Bürger hatte. Beim ersten Besuch der Stadt irritiert das häufig, da man nie weiß, wo man seinen Erkundungsgang beginnen soll.

Zwischen 1180, als die Konsuln, die damaligen Stadtoberhäupter, die großen städtischen Durchgangsstraßen anlegen, und 1260, als Guglielmo Boccanegra den Palazzo del Mare, den heutigen Palazzo San Giorgio, errichten läßt, wird die wesentliche Anlage der Stadt abgeschlossen. Auch das Stadtbild zeugt von einer Gesellschaft, die private Interessen über die der Allgemeinheit stellt und auf aggressive Weise ihre Handelsbeziehungen über das Meer ausweitet. Die Stadt wird von adligen Kaufleuten und *uomini nuovi*, reich gewordenen Bürgern, regiert, die Handelsbeziehungen bis Syrien und Palästina pflegen und immer darum kämpfen müssen, gegenüber der Rivalin Pisa die Vormacht zu behalten. Die vier Seerepubliken Pisa, Genua, Amalfi und Venedig hatten das gesamte Mittelmeergebiet unter sich aufgeteilt und lieferten sich ununterbrochen neue Eroberungskriege. Genua war gezwungen, sein Handelsnetz ständig auszubauen, da der schmale Landstrich der Republik über keinerlei Ressourcen verfügte. Der wesentliche Charakterzug der Ligurer und Genueser, den man ihnen heute noch nachsagt – nämlich ausgeprägter Individualismus und die mangelnde Neigung zur kollektiven Organisation –, zeigte sich sowohl in der Verwaltung des Stadtstaats als auch im Stadtbild. Guglielmo Boccanegra wird im dreizehnten Jahrhundert erster *capitano del popolo*, damals eine Art Stadtoberhaupt mit absoluter Macht. Mit dem Palazzo del Mare schafft er einen wichtigen Ort, an dem die Geschicke der Stadt gelenkt werden, was aber nach seinem Tod nicht beibehalten wird. Die »Väter der Stadt« treffen sich nun auf Plätzen, in Kirchen und in privaten Palästen. Jahrhundertelang hat die Stadtregierung keinen festen Sitz.

Ennio Poleggi ist Genuas bekanntester Stadthistoriker und hat über hundert Studien zu Gebäuden und Straßen verfaßt. Anders als viele seiner Kollegen hat er dabei die Geschichte der Menschen in den

Mittelpunkt gestellt. »Gebäude kann man lesen, man kann an ihnen die politische Geschichte Genuas erkennen.« Während wir uns in seinem Arbeitszimmer alte Karten ansehen, erzählt er ein paar kuriose Details. Vor dem sechzehnten Jahrhundert haben keine wirklich großen Architekten in Genua gearbeitet, sondern Baumeister mit ihren Belegschaften, die aus dem Tessin kamen und in Genua Saisonarbeit leisteten. Für viele Palazzi sind keine Pläne erhalten oder haben nie existiert: »Kannst du mir den Saal da oder die Treppe wie beim Nachbarn bauen«, lautete üblicherweise der Auftrag. Aber diese Baumeister waren für ihre Treppen berühmt, deren Modell bis nach Spanien exportiert wurde.

Und es waren eben diese Meister, die die Anlage des Hafens maßgeblich bestimmten – Genuas Lebenselement, das vom dreizehnten Jahrhundert bis Mitte des neunzehnten Jahrhunderts nahezu unverändert bleibt. Mit der *sottoripa*, einem niedrigen Säulengang entlang des Hafens, der heute voller Cafés und Läden ist, wird eine neue Infrastruktur zur Entladung der Schiffe im Hafenviertel geschaffen, die dringend nötig ist, da der Seehandel rasch zunimmt. Damit ist die Hafenanlage fertiggestellt, die erst Ende des neunzehnten Jahrhunderts verändert werden sollte. Bereits im dreizehnten Jahrhundert gewinnt Genua die endgültige Macht über die gesamte Riviera von Lerici bis Monaco und treibt florierenden Handel mit Produkten aus aller Welt. Dabei war der Hafen von Genua kein Handels-, sondern ein Transithafen, von dem aus Wolle und Stoffe aus England, Flandern und Frankreich, Holz und Metall aus dem Orient und Salz aus dem Mittelmeerraum weiter durch ganz Europa transportiert wurden. Die einzige bauliche Veränderung wird 1630 mit dem Bau eines neuen Hafendamms vorgenommen, da der Südostwind immer wieder die anlegenden Schiffe bedroht.

Bis ins sechzehnte Jahrhundert hinein verfügt Genua zwar über eine große außenpolitische Macht, aber das innenpolitische Gleichgewicht wird immer wieder von Verschwörungen gestört. Am berühmtesten ist die kläglich fehlgeschlagene Verschwörung der Fieschi von 1547, über die Schiller sein bekanntes Drama *Die Verschwörung des Fiesko zu Genua* schrieb.

Mit der Umstrukturierung durch den großen Admiral Andrea Doria beginnt im sechzehnten Jahrhundert die politische und architektonische Neugestaltung der Stadt. Andrea Doria stammte aus einer Nebenlinie des Adelshauses der Doria und hatte sich mit der Niederschlagung eines Aufstands auf Korsika erste Verdienste, Ruhm und die Anerkennung des französischen Königs erworben. Um sich dem Einfluß Frankreichs zu entziehen und Genuas Unabhängigkeit zu erhalten, verbündet er sich allerdings später mit dem spanischen König Karl V. – eine Allianz, aus der die Stadt großen Nutzen ziehen sollte. 1528 gründet Andrea Doria die Adelsrepublik, die sich von nun an Republik und nicht mehr Stadt nannte.

Mit Andrea Doria erlebt Genua sein goldenes Zeitalter – im ständigen Wettstreit mit Venedig, das es gelegentlich übertraf. Andrea Doria erkennt ganz klar, daß die zukünftige Macht Genuas nicht auf dem direkten Handel, sondern auf seiner Finanzkraft beruht. Um die internen Zwistigkeiten der Familien zu beenden, die das Gleichgewicht des Staatswesens immer wieder empfindlich stören, gründet er die sogenannten *alberghi*, Verbände von Familien mit gleichen wirtschaftlichen Interessen, in die zur Stärkung des einzelnen Verbands auch Nichtadlige aufgenommen wurden. Doch selbst nach der Gründung der achtundzwanzig *alberghi* werden private Interessen immer wieder über die staatliche Organisation gestellt, die nie besonders ausgeprägt war. Schon zwei Jahrhunderte zuvor hatte Francesco Petrarca geschrieben: »Ihr werdet eine königliche Stadt sehen, die sich über die Hügel zieht, großartig und erhaben sind ihre Bewohner und ihre Mauern, deren Aussehen allein sie schon zur Herrin der Meere macht, was ihr, wie anderen Städten auch, schadet und Anlaß zu Zwist und Eifersucht unter ihren Bürgern ist.«

Andrea Doria reformiert die Verfassung, die zweihundert Jahre lang gilt, und führt das zweijährige Dogenamt ein. Dem Dogen zur Seite stehen acht Senatoren und acht Prokuratoren. Zwar waren die Dogen zuvor auf Lebenszeit gewählt worden, wechselten aber aufgrund innerer Fehden so häufig, daß die einzelnen Gestalten bei weitem nicht so wichtig waren wie in Venedig. Obwohl er der unbestritten mächtigste Mann der Republik ist, läßt sich Andrea Doria nie zum Dogen wählen, erbaut sich jedoch einen prächtigen, wie eine Villa angelegten Palazzo am Meer. Angeblich wurde dort das silberne Tafelgeschirr nach Gebrauch von der Terrasse ins Meer geworfen. Das Geheimnis, ob sich darunter Netze befanden, aus denen das Silber nach dem Ende der Tafelgesellschaft wieder heraufgezogen wurde, ist nie gelüftet worden.

Inzwischen beginnen die Adelsfamilien auch außerhalb der mittelalterlichen Stadtmauern mit dem Bau grandioser Palazzi in der Strada Nuova und der Strada Nuovissima. Durch ihre äußere Strenge und großzügige Anlage beeindrucken sie damalige Besucher, die sie für die schönsten der Welt hielten. Und jetzt verpflichtet Genua auch die größten Architekten der Zeit, darunter die Schüler Raffaels und Michaelangelos. Zwischen 1558 und 1583 entstehen unter anderem zehn Paläste, die in der italienischen Renaissance-Architektur einmalig sind. In der Architektur dieser Palazzi spiegelt sich der Geist einer aufstrebenden Hafenstadt wieder, die immer neue Impulse erhält, aber auch ständig nach neuen Expansionsmöglichkeiten sucht. Genua wird mächtig – ein Stadtstaat mit ständigen internen Zwistigkeiten seiner Adelsfamilien, der über ein weit entfernt liegendes, nicht immer sicheres Territorium regiert und

Handel mit Nordeuropa, Afrika und dem mittleren Orient treibt. An der Küste weitet sich die Macht Genuas bis Chiavari und dann bis Portovenere aus.

Die treffendeste Beschreibung Genuas stammt von Stendhal, der in seinen *Memoires d'un touriste* 1837 schrieb, Genua sei in drei große Zonen unterteilt: Die Gassen der Altstadt seien für die Händler, die *sottoripa* für die Seeleute und die drei prachtvollen Hauptachsen für das Leben der adligen Familien bestimmt.

Genua ist die Stadt der Treppen, erklärt Ennio Poleggi, und die Tessiner Baumeister aus der Schule der Antelami haben diese Kunst auch in andere Länder, zum Beispiel nach Spanien, gebracht. Bei einer seiner letzten Reisen fiel ihm dort eine Treppe auf, die ein genaues, sicher nicht zufälliges Abbild einer Genueser Treppe war. Die Palazzi in den drei Prachtstraßen waren nach den Vorgaben der Renaissance-Architektur streng geometrisch und weitläufig angelegt. Nur daß es in Genua meist gar nicht den Platz gab, um den architektonischen Ansprüchen der Zeit genügen zu können. Die Treppen führten nie in einen Park, manchmal in kleine Gärten und gelegentlich auch ins Leere. Das Zusammenspiel von Säulen und leerem Raum, schreibt Stendhal, erinnere an die Architektur Paolo Veroneses oder an das Innere der Mailänder Scala.

»In Genua hatte man eine andere Art, hinauszuschauen, und das hatte immer mit seiner beengten geographischen Lage zu tun.« »Großartig und heiter«, nennt Stendhal diese Architektur, es fehlt ihr jede Schwere, was dem Betrachter besonders auffällt, wenn er zuvor in Mittelitalien gewesen ist.

Wir gehen durch die Via Garibaldi, früher Strada Nuova, an den meist mit Plastikplanen verhangenen Palazzi vorbei, die mitten in der Restaurierungsphase sind. In einem Teil von ihnen leben noch heute die Familien mit den alten Namen, in anderen sind Banken oder Büros untergebracht. »Sehen Sie diesen Kontrast von Marmor und Schiefer, je weiter man nach oben kommt, desto mehr leuchtet dieser Kontrast. Schon im zwölften Jahrhundert war Genua zum Hauptumschlagsplatz von Marmor aus Carrara geworden, was überall an den Fassaden zu erkennen ist.«

Als Genua 1815 seine politische Autonomie verliert, sind die Stadtoberen so sehr davon überzeugt, daß es sich nur um eine vorübergehende Phase handelt, daß sie noch nicht einmal an den Versammlungen des Königreichs Sardinien-Piemont teilnehmen. Dreihundert Jahre lang hatten die Savoier davon geträumt, Genua zu erobern, bis es ihnen nach einem Zwischenspiel, während dem sich Genua unter napoleonischer Herrschaft befand, schließlich gelang. Doch bereits ein paar Jahre zuvor hatten die Genueser Familien im Zuge der Französischen Revolution ihr ganzes Geld verloren, das sie in den europäischen Banken investiert hatten.

Damals wechselt die Stadt die Blickrichtung. Die Piazza De Ferrari, am Opernhaus Carlo Felice und dem Dogenpalast gelegen, ist nicht zum Meer, sondern in Richtung der Berge angelegt. Aus angeblich militärischen Gründen treffen die Savoier den Entschluß, den Hafen mit Marmorterrassen zu verschließen, von nun an ein abgegrenzter Raum, den man von der Stadt aus nicht mehr ohne besondere Erlaubnis erreicht. Genua ist damit seines Lebenselements beraubt. Diese Entscheidung habe ganz deutlich das Hinterland begünstigt und unter anhaltendem, wenn auch nutzlosem Protest der Händler den Hafen von der Stadt getrennt, erklärt Ennio Poleggi.

Im Laufe der Zeit ist er auf viele interessante Dokumente gestoßen, erzählt er weiter. So auch auf eine Liste der Palazzi, die die Republik ab dem Jahr 1576 eigens für ausländische Besucher hergerichtet und zur Verfügung gestellt hat. Denn Staatsbesuche waren in der Republik so häufig, daß man die Gäste – Kardinäle, Botschafter oder kaiserliche Legaten – gemäß ihres Ranges in den privaten Palazzi mit entsprechendem Prunk unterbringen mußte. Etwa zweihundert dieser Palazzi, die allesamt erhalten sind, standen den Stadtvätern für ausländische Gäste zur Verfügung. Solche Listen und Unterlagen, erklärt Ennio Poleggi, haben die Baugeschichte Genuas hervorragend dokumentiert. Zum Glück hat die Stadtverwaltung auf der Stelle verstanden, wie wertvoll dieses Material für die Restaurierung ist. Nun hat man die ersten knapp sechzig ausgewählt, deren Instandsetzung die Kommune mit einem Zuschuß von etwa vierzig Prozent der Kosten unterstützt, der Rest wird von den Privateigentümern bezahlt. »Sie werden staunen, wie sich das Aussehen der Stadt in diesem und den nächsten Jahren noch verändern wird. Jeder Palazzo, der renoviert wird, zieht den nächsten nach sich, bei Gebäuden ist das nun einmal so.«

Einen der wichtigsten Palazzi, in dem heute die Präfektur untergebracht ist, hat er vor seiner Restaurierung täglich betrachtet, weil seine damalige Verlobte dort gearbeitet hat. Wieso hat nie jemand diese wichtigen Bauwerke untersucht, fragte er sich damals in den fünfziger Jahren, und machte sich dann an die jahrzehntelange Arbeit. Die zu Stein gewordene Stadtgeschichte läßt Ennio Poleggi nicht los, auch weil er mit ihrer Hilfe am meisten über die Menschen aus anderen Zeiten erfahren kann. Die Baugeschichte von über 2300 Palazzi in den drei Hauptstraßen, der alten Strada Nuova, heute Via Garibaldi, der Strada Nuovissima, heute Via Cairoli, und der Via Balbi, hat er in den letzten Jahren untersucht. Meistens mußte er sich mit historischen Dokumenten begnügen. In vielen Fällen gestatteten die Besitzer nämlich zunächst nicht, daß er die Innenräume betrat. Erst vor kurzem durfte er einen Palazzo besichtigen, den er zuvor nur aus alten Dokumenten kannte. Er sagt, es habe ihm fast den Atem verschlagen – hier fanden sich alle für Genua typischen Elemente: der Blick vom dritten Stock über das Meer, die Treppen, die manchmal in Gärten, manchmal aber ins Nichts führen, die geometrische Form und die strenge Fassade. Innen konnte er Fresken von Bernardo Strozzi bewundern, eine faszinierende Darstellung der Menschheitsgeschichte. Er sagt mir nicht, wem der Palazzo heute gehört. Einer Marchesa eben, einer alten Dame, die heute noch so prunkvoll wie zur Zeit der Seerepublik lebt. Die äußere Demonstration von Reichtum war in Genua schon immer verpönt.

Aufgrund seiner Studien und Dokumentation weiß man jetzt viel mehr über diese Palazzi, deren Innenleben so der Öffentlichkeit zugänglich gemacht wurde. Natürlich gab es bei der Restaurierung häufig Probleme mit der Statik, denn wenn das letzte Stockwerk saniert wurde, hat sich manchmal niemand darum gekümmert, wie es eigentlich im Erdgeschoß aussah. Das passiert eben, wenn ein Palazzo nicht mehr nur einem Fürsten, sondern mehreren Parteien gehört. Und nach drei Jahrhunderten hat es schließlich des Muts von Bürgermeister Giuseppe Pericu bedurft, um die Fassaden der Palazzi wieder »sichtbar« zu machen: Er hat den Autoverkehr aus den drei Prachtstraßen Genuas verbannt. Vielleicht ist dies die wichtigste Entscheidung in einer Stadt, die endlich beschlossen hat, sich der Welt wieder zu zeigen.

Als wir uns vor einer Nische mit einer Madonnenstatue – wie immer aus Marmor und Schiefer – verabschieden, weist Ennio Poleggi auf die Bedeutung der Madonna in Ligurien hin. Auch in Genua hat sich diese Geschichte wiederholt: Die Seerepublik erklärt 1627 die Madonna zur *regina*, zur eigentlichen Königin der Stadt und der Riviera, hinter der alle Botschafter und Könige zurücktreten müssen. Damit wollten die Genueser ihre Gleichstellung mit den Monarchien durchsetzen. Ein schwieriges Unterfangen, das nicht ganz gelang, aber die diplomatische Frage war damit erfolgreich gelöst. »Wissen Sie, daß man sogar nach einer besonders schönen Krone für sie gesucht hat?«

Erst nach dem Ende der politischen Macht als autonome Seerepublik wurde Genua zu einer Stadt, die den Glauben an sich selbst verloren hat. Es wird Zeit, sagt Ennio Poleggi, daß Genua wieder Zugang zu seinem großen kulturellen Erbe findet.

La Superba erwacht

Das neue Gesicht von Hafen und Altstadt

»Sehen Sie, das ist der Inbegriff einer urbanen Landschaft, aber leider verstehen das die Genueser einfach nicht.« Bruno Gabrielli, Architekturprofessor und Stadtplanungsdezernent, zeigt von seinem Büro im 24. Stockwerk des *Mattitone* auf die unter uns liegende, im Sonnenlicht gleißende Stadt. Der *Mattitone*, nach seiner überdimensionalen Bleistiftform benannt, ist neben dem Hauptsitz im Palazzo Doria der zweite Sitz der Stadtverwaltung am Meer. Von oben betrachtet trägt Genua den alten Beinamen *La Superba*, die Stolze oder Erhabene, immer noch zu Recht: Das Stadtgebilde zieht harmonisch die Linien der Landschaft nach, wie kleine Halbmonde schmiegen sich die Viertel ans Meer. Im Südosten ist der Hafen mit seinen Brücken, Molen und Schiffsanlegestellen zu erkennen. Wendet man den Blick vom Meer ab in die entgegengesetzte Richtung, sieht man Häuserzeilen, die furchtlos und fast schwindelerregend die Berge zu erreichen suchen. Alle Städte Italiens können sich ausbreiten, mit zwei Ausnahmen: Venedig, weil ihm das Wasser Grenzen setzt, und Genua, weil es durch den engen Raum in die Höhe wachsen muß.

Durch die beengte Lage zwischen Bergen und Meer entstanden alle Städte Liguriens entweder entlang der Küste oder wie Genua in Form eines Amphitheaters zwischen Berge und Meer eingezwängt. Genua ist eine vertikale Stadt ohne richtiges Zentrum und wird von mehreren, zentralen Achsen durchzogen: Es gibt drei horizontale Straßen, die alte Strada Nuova, die heute Via Garibaldi heißt, die Strada Nuovissima, heute Via Cairoli, und die Via Balbi. Zwei *ascensori*, überdimensionale Aufzüge, stellen wie andernorts Straßenbahnen die Verbindung zwischen den unterschiedlich hoch liegenden Stadtvierteln her.

Der Wind weht alle Papiere vom Schreibtisch und uns den atemberaubenden Geruch einer Hafenstadt ins Gesicht. 1992, der fünfhundertste Jahrestag der Entdeckung Amerikas durch Kolumbus, der mit der Expo zusammenfiel, sei der Wendepunkt in Genuas neuerer Stadtgeschichte gewesen, erzählt Bruno Gabrielli. An die alte Größe Genuas, die *genovesità*, wollte man wiederanknüpfen, und fing mit der Umstrukturierung des alten Hafens an, der zur Zeit der Seerepublik das Herz Genuas war. Auf dem Gebiet des alten Hafengeländes schuf der Genueser Architekt Renzo Piano einen riesigen Kulturpark, den *porto antico*, der mit dem Aquarium, Kongreßzentren, einer Hafenpromenade und einer Unzahl von Restaurants sowohl Besucher anziehen als auch für die Genueser wieder zugänglich werden sollte.

Mit dieser Neugestaltung des Hafens wurde eine Entwicklung fortgeführt, die schon 1985 mit der Sanierung der Altstadt um die Via di Pré begonnen hatte. Das mittelalterliche Zentrum Genuas war Inbegriff städtischer Verwahrlosung geworden. Bis zum Hafen hinunter zog sich eine Zone »off limits«, die sich manchmal, wenn Schiffe aus Übersee im Hafen anlegten, zum größten Bordell Europas verwandelte.

Gabrielli führt dieses Projekt gern als Beispiel einer wirklich gelungenen Stadtsanierung an. Vierzig Milliarden Lire, heute zwanzig Millionen Euro, hat dieser Teil der Altstadtsanierung gekostet, die sich um die Piazza alle Erbe konzentrierte. Ganz Genua beobachtete damals die Rettung dieses wichtigen Stadtteils. Für Bruno Gabrielli ist es auch ein Beispiel, wie städtebauliche Maßnahmen das soziale Klima verbessern können, was in der heutigen Zeit ein wichtiges Konzept ist: Die sozialen Gegensätze waren in den dunklen Gassen der Altstadt, einer der größten Europas, unerträglich geworden. Zuvor lebten hier vor allem illegale Einwanderer.

Bei den Arbeiten ging man fleckchenweise, wie auf einem Leopardenfell, vor. Nur in Santiago di Compostela, sagt Bruno Gabrielli, habe er eine ähnlich erfolgreiche Altstadtsanierung gesehen. Natürlich entdeckten die Sanierer auch einige Schätze: eine Glasfront aus dem fünfzehnten Jahrhundert zum Beispiel, die das Herz jedes Denkmalschützers erfreut. Die Bewohner mußten zwar während der Sanierung die Gebäude verlassen, durften danach aber wieder in ihre Häuser zurückkehren. Heute wirkt die Via di Pré, die fast parallel zum *porto antico* quer durch die Altstadt verläuft, mit ihren Läden und Schnellimbissen wie eine orientalische Kashbah. Die meisten der etwa fünfzehntausend Einwanderer kommen aus dem Senegal und aus Ecuador und haben sich auffallend gut in Genua integriert. Die verschiedenen sozialen Schichten leben hier heute wieder friedlich nebeneinander.

»Erinnern Sie sich noch an diesen furchtbaren G-8-Gipfel? Natürlich war Genua damals in aller Munde. Worüber niemand berichtet hat, ist, daß die Kommune zahlreiche staatliche Fördermittel erhalten hat, die wir für die Restaurierung und den wirtschaftlichen Aufschwung der Stadt verwendet haben.«

Es sei eine schwierige Zeit für die Kommunen, sagt Gabrielli, denn sie müßten eine neue Art von Verantwortung übernehmen – auch in sozialer Hinsicht –, der sie häufig gar nicht gewachsen seien. Im sogenannten *project financing* versucht man, größere Projekte durch eine Verbindung von öffentlichen und privaten Geldern zu finanzieren. Genua gehört mit Mailand und Turin zum »industrialisierten Dreieck« Italiens. Doch in den letzten Jahrzehnten hat der Genueser Hafen mit seiner Metallindustrie vor allem aufgrund von staatlichen Subventionen überlebt.

Jetzt setzt man auf eine Umgestaltung nach dem Beispiel Antwerpens. Nach dem Ende der alten staatlichen Subventionspolitik nimmt die Zahl der kleinen und mittleren Betriebe zu, ebenso die Werften und die neue Technologie. Mit Kongreßzentren und Messen hat man auf das Interesse der Besucher gesetzt. Inzwischen arbeiten wieder vierzigtausend Beschäftigte hier, und der Aufschwung zeigt sich auch am Rückgang der Arbeitslosigkeit von 11,5 auf 6,5 Prozent.

Neben Triest, sagt Gabrielli, sei für ihn Genua die einzige Stadt in Italien, die man mit internationalen Metropolen vergleichen könne. Das hat natürlich mit der großen Vergangenheit als Tor Europas zum Mittelmeer zu tun. Hier herrscht der kosmopolitische Geist einer Hafenstadt, von der aus man in die Welt geht und internationale Handelsbeziehungen knüpft. Manche sagen zwar, Genua sei trotz seiner sechshunderttausend Einwohner provinziell, aber vielleicht besteht in der Kombination aus Hafenmetropole und provinziellem Innenleben die eigentliche Faszination. Die Berge, das Meer, der Hafen, die Gassen, die Paläste, die Vergangenheit und die Zukunft mit all ihren Gegensätzen machen die vielschichtige Realität von Genua aus.

Inzwischen befindet sich die Stadt in einer Aufbruchsstimmung, die überall spürbar ist, und hat mit der Ernennung zur Kulturhauptstadt sein kulturelles Erbe zu schätzen gelernt. Im sechzehnten und siebzehnten Jahrhundert haben die großen Familien in der Strada Nuova und in der Strada Nuovissima großzügige Paläste mit reicher Innenausstattung errichtet. Für viele Besucher der damaligen Zeit waren diese Straßen mit ihren klaren Fassaden aus grauem Schiefer und weißem Marmor, den typischen Baumaterialien Liguriens, die schönsten der Welt. Einhundertzwanzig der wichtigsten Paläste wurden für die Sanierung vorgesehen, inzwischen hat man sich an die Renovierung der ersten siebenundfünfzig gemacht.

Die Öffnung des *porto antico* zur Stadt, die Sanierung der Altstadt, die Restaurierung der Paläste und ihre Öffnung für Genueser und Besucher haben Genua nicht nur ein neues Gesicht verliehen, sondern auch neues Selbstbewußtsein und Perspektive gegeben. Vielleicht ist Genua die Stadt in Italien, die sich in den letzten Jahren am meisten verändert hat.

Ob er einen Lieblingsort habe, frage ich Bruno Gabrielli. »Die Piazza San Matteo mit ihren Säulen und der Kirche der Doria, die Beispiel für eine perfekt erhaltene mittelalterliche Architektur ist, wie es sie in dieser Vollkommenheit eben in der *città antica* von Genua gibt.«

Bruno Gabrielli ist Professor für Stadtplanung und Architektur. Lange Jahre hat er an der Universität Venedig gelehrt. Als er 1998 als Parteiloser in die Politik ging, wollte er der Kommune vor allem sein Sachwissen als Stadtplaner zur Verfügung stellen. Die Genueser sprechen gut über ihre Stadtverwaltung, die aus Fachleuten wie ihm besteht, und von ihrem fähigen Bürgermeister Giuseppe Pericu, der die Stadt sicher aus der Krise geführt hat. Das kommt in Italien sonst nur selten vor.

Fehlt Bruno Gabrielli nicht die Universität? Doch, sehr, sagt er, aber in diesem Semester habe er für die ganz jungen Architekturstudenten einen besonderen Einführungskurs mit dem Titel »Sich in Stadtplanung verlieben« angeboten.

Wenn man von Renato Piccos Büro auf das riesige Aquarium hinaussieht, spürt man, daß das neue Kulturzentrum im *porto antico* auch so etwas wie seine persönliche Erfolgsgeschichte ist. Eigentlich wäre er jetzt schon in Pension, sagt er und gibt ein paar Mosaiksteine seines Lebens preis. Seiner Familie gehörte früher die »Eridania Zuccherificio«, die größte Zuckerfabrik Italiens, wenn nicht Europas. Aufgrund von falschem Management lief das frühere Erfolgsunternehmen auf den Bankrott zu. Das Herz muß ihm geblutet haben, als die falsche Politik nicht mehr aufzuhalten war. Heute ist das Management des Kulturzentrums *porto antico* seine ganz persönliche Erfolgsgeschichte geworden.

Irgendwann kam der Anruf des früheren Bürgermeisters mit der Bitte, die Leitung des neugeschaffenen *porto antico* zu übernehmen. Er hat damals ein paar grundsätzliche Bedingungen formuliert, die ihm das Leben leichter machen sollten, und ansonsten diese Mammutaufgabe überaus begeistert übernommen.

Als gebürtiger Genueser erinnert sich Renato Picco auch noch daran, wie das Hafengebiet früher einmal ausgesehen hat. Spätestens mit der Auflösung der Seerepublik nach dem Wiener Kongress 1815 hatte der Hafen Genuas seine vergangene Bedeutung verloren. Danach führte er eine von der Stadt getrennte Existenz, eingezäunt, hinter hohen Gittern verborgen und ohne eine entsprechende Genehmigung nicht zu betreten. Für die Genueser, erzählt man heute noch, war der Hafen ein Tabu. Natürlich hat es immer einen Passagierhafen gegeben, wo man Abreisende und Ankommende umarmen konnte, aber das war nicht das gleiche. Die Genueser hatte man mit dem Hafen auch eines Teils ihrer eigenen Geschichte beraubt. Die depressive Stimmung, die sich nach dem Verlust der politischen Autonomie ausbreitete und von der sich die Stadt vielleicht jetzt erst erholt, könnte auch damit zu tun haben.

In vielen Städten des Mittelmeers – und nicht nur hier – war in der zweiten Hälfte des zwanzigsten Jahrhunderts das Verhältnis zwischen Stadt und Hafen problematisch geworden und hatte sich tiefgreifend gewandelt. In den zwanziger Jahren hatte man auf den alten Hafengeländen auch die wichtigsten Produktionsstätten der Stadt errichtet, aber im Zeitalter der Globalisierung und einer gezielten Umweltpolitik war es nicht mehr sinnvoll, diese alten Konzepte aufrechtzuerhalten. Doch ohne eine neue Vision verloren diese wichtigen urbanen Zentren ihre Vitalität und Produktionskraft, wodurch das Verhältnis zwischen Stadt und Hafen vielerorts problematisch wurde.

Heute ist die gesamte Struktur des *porto antico* ein riesiger öffentlicher Raum am Meer: Junge Paar sitzen auf den Bänken, Frauen schieben in der Sonne Kinderwagen vor sich her, aus den umliegenden Büros kommen viele zum Mittagessen hierher, und der Besucherparkplatz vor dem Aquarium ist voll. Wenn die nahe *sopraelevata*, die Umgehungsstraße, die über den *porto antico* führt, nicht wäre, wäre es ein wirklicher Erholungsort. Doch es gibt bereits Pläne für eine Alternative zu dieser Fehlplanung mit ihrem Verkehrschaos.

Der Auftrag der Stadtverwaltung an den berühmten Genueser Architekten Renzo Piano lautete damals, einen Teil des alten Handelshafens für kulturelle Aktivitäten umzugestalten und einen anderen

Teil in ein Kongresszentrum zu verwandeln. Von Anfang an verfolgte man dabei das Ziel, sowohl die Bedürfnisse der Genueser zu berücksichtigen als auch in- und ausländische Besucher anzuziehen. Es sei das Verdienst von Renzo Piano, sagt Renato Picco, der Stadt durch seine Neugestaltung des Hafens einen wichtigen Teil ihrer Geschichte zurückgegeben zu haben. Die letzte Phase der Sanierung betrifft die sogenannte *waterfront*, wozu die Ponte Parodi, die alte Hafenbrücke, und das Hafenbecken gehören. Bis Ende 2008 soll die Umgestaltung – aus privaten und öffentlichen Mitteln finanziert – abgeschlossen sein. Die neugeschaffene *waterfront* wird die Verbindung zur Altstadt herstellen und Genua einen unverwechselbaren Stempel aufdrücken. Um in einen Dialog mit der umliegenden Hügellandschaft zu treten, hat der Holländer Ben Van Berkel, dessen Entwurf den internationalen Wettbewerb für die Sanierung der *waterfront* gewann, einen Hügel aus Kristall entworfen, der mit Grün bedeckt ist. Durch die Neugestaltung soll eine *piazza sul mare* entstehen, ein wirklich zentraler Platz am Meer, der in Genuas Stadtinnerem immer gefehlt hat.

Schließlich nennt Renato Picco ein paar Zahlen, um die Ausmaße des Projekts zu verdeutlichen: Fünfzig Millionen Euro wurden in den *porto antico* investiert. Der Umsatz beträgt fünfundvierzig Millionen Euro im Jahr, siebenhundert neue Arbeitsplätze wurden geschaffen, und pro Jahr kommen mindestens drei Millionen Besucher hierher. Als letztes Ausstellungszentrum ist ein *museo del mare*, ein Meeres- und Schiffahrtsmuseum, geplant.

An der Wand von Renato Piccos Büro hängen Fotos, wie die Wasserfläche zwischen dem *Bigo*, der von Renzo Piano geschaffenen Eisenskulptur, und dem Aquarium mit seinen sechstausend Tieren bei sommerlichen Theateraufführungen zu einer magischen Bühne wird. »Glauben Sie mir«, sagt Renato Picco abschließend, »daß man hier am Meer die Aufführungen auf dem Wasser wirklich genießen kann.«

Auf dem Weg vom Palazzo Ducale hinunter zum Meer tauchen wir in ein irritierend dichtes Netz aus steilen Gassen ein. Maurizio Maggiani, der wahrscheinlich bekannteste ligurische Schriftteller, hat in seinem Leben entlang der gesamten Küste von der Levante bis Genua gewohnt. Nach Ostligurien, wo er geboren ist, kehrt er selten zurück, weil das die Landschaft seiner Phantasie und seiner Kindheit ist. Er sei ein bißchen levantinisch, sagen die Genueser, weil er eben ein Geschichtenerzähler ist. Unten am Hafen und in den Gassen der Altstadt hat er seinen Genua-Roman *Die Königin ohne Schmuck* angesiedelt.

Allein die Straßennamen spiegeln in Genua auf faszinierende Weise die Geschichte der Stadt wieder: Oft sind die Gassen nach den alten Gewerben benannt worden. Oder gibt es einen anderen Ort, an dem ein Gäßchen nach der perfekten Liebe benannt ist wie der »Vico dell' amor perfetto«? Nach der Altstadtsanierung wohnen im selben Palazzo der Fürst Doria und die Prostituierte, was es wahrscheinlich auch nur in Genua gibt. Nur wohnt der Fürst sicher im dritten Stock, der traditionellen Bel Etage, weil von hier aus schon das Meer zu sehen ist.

Maurizio Maggiani schreibt jeden Sonntag den kulturellen Leitartikel der ligurischen Zeitung *Il Secolo XIX* und ist durch seine Kommentare eine Institution im Leben der Stadt. Wenn er in der Altstadt Kommunalpolitiker und Bekannte trifft, tauscht er sich über seine Gedanken vom letzten Sonntag aus. Er schätze die journalistische Tätigkeit, sagt er, denn sie führe im Dialog mit anderen wenigstens vorübergehend aus der Einsamkeit des Schriftstellers heraus.

Die engen Gassen der Altstadt verknüpfen ebenso schmale Plätze zu einem feinmaschigen Spinnennetz. Manchmal gehen wir an sorgfältig ziselierten Basreliefs aus Schiefer vorbei, an prächtigen schwarz-weißen Fassaden, aber der Raum davor ist zu eng, als daß man sie richtig bewundern könnte. Selbst die winzigsten Ecken wurden noch für Tabernakel und Madonnenstatuen genutzt. Denn die Madonna war die ungekrönte Königin. Für die genialen Baumeister Genuas war die Enge der Stadt und die Notwendigkeit, jeden Winkel zu nutzen, eine unablässige Herausforderung. Manchmal ändert sich die Perspektive und gibt den Blick in noch dunklere, schmalere Gassen frei.

Wir treten in einen Laden, besser gesagt ein Gewölbe, ein, in dem schon von außen riesige schwarze Pfannen zu sehen sind: *Farinata* aus Kichererbsenmehl, *focaccia* mit Zwiebeln und Salbei wird hier wie vor Jahrhunderten im steinernen Backofen vor den Augen der Gäste hergestellt.

Wir kommen an einem Gewürzgeschäft vorbei, das schon von weitem wie ein orientalischer Bazar riecht. Die Geschichte der Hafenstadt ist hier ganz unspektakulär im Alltagsleben zu besichtigen. Wenige Meter weiter liegen sorgsam dekorierte Nudeln aus. Die ersten Gilden der Nudelmacher entstanden Ende des sechzehnten Jahrhunderts in Genua, dessen Küstenwind ein ideales Klima für das Trocknen der Nudeln bot. Noch 1890 gab es in der Umgebung über zweihundert Nudelfabriken, und von hier aus eroberte die Pasta erst Italien und später Nordeuropa. Sogar die Jeans, erzählt Maurizio Maggiani, haben ihren Ursprung in Genua. Der blaue Genueser Stoff, im Dialekt *blu genoise* genannt, trat von hier aus seinen Siegeszug durch die Welt an.

Unten im Hafen herrscht lautes Treiben. Links von uns taucht der Palazzo San Giorgio auf, der frühere Palazzo del Mare. Unter dem Namen »Banco di San Giorgio« war hier bereits 1262 das erste Bankhaus der Welt gegründet worden. Zwar ist Genua die erste kapitalistische Stadt, wo das Bankwesen seinen Anfang nahm, doch die Genueser hatten es nie nötig, ihren Reichtum auch zur Schau zu stellen. Wenn der englische König Geld brauchte, wußte er schon, an wen er sich wenden mußte.

Wir gehen die *sottoripa* entlang, heute niedrige Gewölbe mit lauter Läden, die früher direkt am Wasser lagen. Nach all den Gerüchen und Geräuschen der Altstadt würde man sich nicht wundern, hier noch wie früher beim Entladen der alten Handelsschiffe zuschauen zu können.

Wir sprechen über die vielen Gesichter Genuas, über die Altstadt, die Gassen, die Menschen und ihre Geheimnisse, über die Krise des Hafens, der jetzt zu neuem Leben erwacht ist. Genua hat ein vielschichtiges Gesicht, das immer die Summe aus vielen Städten war. Wie in Maurizio Maggianis Roman *Die Königin ohne Schmuck* beschrieben, hat die Stadt jahrhundertelang Menschen und Kulturen aus aller Welt in ihren Eingeweiden aufgenommen. Auf eine wunderbare Weise haben sie die Atmosphäre der alten Handelsstadt geprägt.

In Genuas Hafen kamen die Ozeandampfer aus der neuen Welt oder aus Südamerika an und drehten an der Riviera bis Portofino eine Ehrenrunde; in den Fabriken von Cornigliano produzierte eine selbstbewußte Arbeiterklasse Metall für die Fiatwerke. Es gab das Genua der Banken und Bankiers, die die Kriege der Könige und Päpste finanzierten und deren Händler in den Gewölben der *sottoripa* mit Alaun von der Krim, mit Juwelen aus fernen Ländern, mit Baumwolle und mit Sklaven handelten.

Wir sprechen darüber, daß Genua eine vielschichtige, schwer zu begreifende Stadt ist, die sich allen herkömmlichen Kategorien entzieht. Als wir gegen Ende unseres Spaziergangs in die Gegenwart zurückkehren, trinken wir noch einen Aperitif in der Cafeteria des Dogenpalasts und steigen dann dessen gigantische Treppe hinauf. Müssen wir hier keinen Eintritt bezahlen? frage ich Maurizio Maggiani. »Wieso«, antwortet er ernsthaft erstaunt, »der gehört doch uns.«

Ob das zur Schau getragene Understatement der Genueser und Ligurer ähnlich ihrem angeblichen Geiz nicht auch Ausdruck eines tief verborgenen Selbstbewußtseins sein könnte? Ein Beispiel dafür ist überliefert. Als der Doge von Genua nach der Niederlage gegen den Sonnenkönig als Geste der Unterwerfung nach Versailles zitiert wurde, fragte man ihn, was ihn hier am meisten in Erstaunen versetze. Ruhig antwortete er: »Daß ich hier bin.« Die verwunderten Gastgeber hatten ein Kompliment für die Pracht Versailles erwartet und dachten noch lange über diese Antwort nach. Aber der Doge, ein Händler aus Genua, hatte es anders gemeint, als man annahm. Sollte er sich über die steinernen Paläste wundern? In seinem kleinen Reich waren die Paläste nicht aus Stein, sondern aus Marmor. Sollte er etwa die Säulen aus Marmor bestaunen? In seinem Palast waren sie aus Porphyr. Die Säulen aus Porphyr? In Genua war deren Innenseiten aus Lapislazuli. Sollte er die berühmten Statuen bewundern? Seine eigenen stammten von keinem geringeren als Michelangelo. Oder über die prachtvollen Gemälde in Begeisterung ausbrechen? Bei den Händlern der kleinen Seerepublik standen Dürer und Tintoretto im Dienst.

In Versailles wollten man ihn, den Dogen, der durch seine Geschäfte reich geworden war, doch tatsächlich durch den Prunk der Kunstwerke in Erstaunen versetzen. Doch den Palazzo des Kaufmanns hatten Tizian, Correggio und Carracci dekoriert.

In der Gasse des Hustens

Ein kultureller Streifzug durch Genua

Wenn der Bühnenbildner und Künstler Emanuele Luzzati aus seiner Werkstatt auf den Hafen von Genua schaut, werden Kindheitserinnerungen wach: Er weiß noch, wie er als kleiner Junge zu Beginn der dreißiger Jahre die wehenden, blauen Bänder des Luxusdampfers »Rex« bei der Abfahrt über den Ozean gesehen hat und danach vor Aufregung die ganze Nacht nicht schlafen konnte. Das damals schnellste Schiff der Welt ist ein Genueser Mythos, von dem man in der Stadt noch heute erzählt und dem sogar Federico Fellini in seinem Film *Amarcord* ein Denkmal gesetzt hat. Er spüre eine tiefe Verbundenheit zu Genua, sagt der heute 83jährige Luzzati, und sei zwischen seinen Reisen durch die Welt immer wieder in seine Geburtsstadt zurückgekehrt.

Zum ersten Mal hat er Genua 1943 nach dem Erlaß der faschistischen Rassengesetze verlassen, um in Lausanne Illustration zu studieren. Aufgrund seiner jüdischen Herkunft sei das der richtige Augenblick gewesen, sagt er ohne Hader, um nach der glücklichen Kindheit und Jugend in Genua hinaus in die Welt zu gehen. In der Schweiz hat er die große Kultur kennengelernt, zu der er wie zu seiner Heimatstadt eine ständige Verbindung in seinem künstlerischen Werk herstellt.

Emanuele Luzzatis Ruf als Illustrator und Bühnenbildner ist legendär, und der gütige und tolerante Mann ist heute einer der berühmtesten Bürger der Stadt. In seinem Arbeitszimmer sieht es zwischen verkleideten Froschkönigen und blauemaillierten Marionetten wie in einer mit viel Liebe und einer gehörigen Portion Ironie geschaffenen Märchenwelt aus. An vielen Orten in Genua und an der Riviera sind Spuren und Zeugnisse seines Schaffens zu sehen: An der Porta Siberia nahe dem *porto antico*, dem alten Hafen, hat ihm die Kommune sogar ein eigenes Museum eingerichtet, das »Teatro della Tosse« führt allabendlich Stücke mit seinen ungewöhnlichen Bühnenbildern auf, und in Santa Margherita hat er einen phantastischen Kinderspielplatz nach den Motiven der *Zauberflöte* eingerichtet. Ganz Apricale verwandelt sich jeden Sommer in ein magisches Universum, wenn die lebenden und gemalten Gestalten aus dem »Teatro della Tosse« in das verschlafene Dorf an der Costa di Ponente hinaufziehen. Die Aufführungen leben von Luzzatis Figuren, die unverwechselbar sind: mächtige Könige, deren respekteinflößende Statur, von wallenden, schwarzen Bärten umrahmt, durch blumige Gewänder demontiert wird, wilde Bestien, die ihre Köpfe zusammenstecken und unter deren furchterregendes Stelldichein er handschriftlich ein ironisches »Ende gut, alles gut« gesetzt hat.

Ob er von seinen Gestalten träume und nachts an sie denke? »Ich spiele mit ihnen. Es gefällt mir, wenn sie ein Eigenleben führen und einmal in einer Buchillustration, dann wieder in einem phantastischen Bühnenbild auftauchen oder sich in einem Park wiederfinden.« Das Pendant zum Kinderspielplatz in Santa Margherita ist in Salzburg geplant. Und auch in Santa Margherita soll ein weiterer Park eingerichtet werden, aber diesmal nicht für Kinder, sondern für alte Leute: »Für die Kinder habe ich aus der *Zauberflöte* mit den Gestalten von Papageno und Papagena gespielt, der neue Raum hingegen soll ganz im Zeichen der Königin der Nacht stehen.«

Das »Teatro della Tosse«, das er 1975 zusammen mit dem Regisseur Tonino Conte gegründet hat, ist ein wichtiger Bestandteil des städtischen Kulturlebens. »Die Leute fragen immer zuerst, warum unser Theater ›Teatro della Tosse‹ heißt. Ein Theater muß neugierig machen und Fragen aufwerfen, und allein durch den ungewöhnlichen Namen ist uns das gelungen.« Ganz banal hat man das Theater nach der

Salita della Tosse, wörtlich übersetzt »Anstieg des Hustens«, benannt, in der es sich befindet. Vielleicht ist der Name einmal entstanden, weil die steile Gasse nur keuchend zu bewältigen war oder sich an ihrem Ende wirklich ein Lungensanatorium mit hustenden Patienten befand. Also wurde das Theater eben nach dem Husten benannt, weil es ohne Ironie keine Tragödie geben kann, oder jedenfalls kein lebendiges Theater zwischen volkstümlicher und Hochkultur, wie man es sich hier vorgestellt hat.

»Wir waren die ersten, die sich in dem heruntergekommenen Stadtviertel Sarzano niedergelassen und inmitten der Verwahrlosung ein Zeichen gesetzt haben. Nach dem Krieg bin ich immer wieder durch dieses Viertel gegangen, um die zerstörten Häuser und Kirchen zu malen. Die Menschen hausten in Bretterverschlägen, die Fresken der Kirchen lagen im Freien herum.« Eine Zeit, die man sich heute nicht mehr vorstellen kann. Inzwischen sind die dunklen Gassen mit den sorgfältig renovierten Wohnungen zu einem der begehrtesten Stadtviertel geworden.

Heute dringt der Baulärm der Häuser, die saniert werden, aus allen Ecken hierher, und um den modernen Neubau der Architektur-Fakultät neben dem Theater haben sich kleine, alternative Cafés ausgebreitet.

Errichtet wurde das »Teatro della Tosse« auf den Mauern eines Theaters mit großer Tradition: Das alte »Teatro Sant' Agostino« war das erste öffentliche

Theater des siebzehnten Jahrhunderts, das jeder mit einer Eintrittskarte besuchen konnte. Im Gegensatz zu vielen anderen italienischen Städten blühte schon damals in Genua das Theaterleben. Im alten »Teatro Sant' Agostino« debütierte Paganini, bevor er in Parma seine Studien begann.

Als man das »Teatro della Tosse« gründete, beschloß man, den urbanen Raum des Hafengebiets für Aufführungen zu nutzen, um der Stadt etwas von der eigenen Geschichte zurückzugeben und an die mittelalterliche Tradition des Wandertheaters anzuknüpfen. Der Hafen, auf den er jeden Tag blickt, ist für Emanuele Luzzati ein wichtiger Ort: Schließlich hat er nicht nur Theater gestaltet, sondern auch die Ausstattung von Schiffen konzipiert, unter anderem die Kinderspielzimmer auf der »Andrea Doria«, dem 1956 nach einer Kollision im Atlantik gesunkenen italienischen Kreuzfahrtschiff: Emanuele Luzzati ist nicht nur Bühnenbildner, sondern zugleich Illustrator und Gestalter von Außenräumen.

Vor der Tür des Theaters erklingt eine ungewöhnliche Musik: Von der Kassette eines Autoradios hört man einen faszinierenden, vielstimmigen Männerchor, der mit melancholischen Tangoelementen durchsetzt ist. »Ich habe jahrelang mitgesungen, aber jetzt fehlt mir leider die Kraft«, sagt Giobatta, Sänger und Maurer, als er mir die Kassette mit der Aufschrift der Trallallero-Gruppe »La Lanterna« zeigt. »Bei gutem Wetter treffen wir uns jeden Samstag auf der

Piazza Luccoli. Kommen Sie doch das nächste Mal mit.«

Die Piazza Luccoli am Ende der gleichnamigen Straße mit ihren vielen Läden liegt im Herzen der Stadt. Dort hat sich die *squadra*, die Gruppe der Sänger – ausschließlich Männer –, im Kreis aufgestellt. Der erste, *u primu* genannt, beginnt mit der ersten Strophe eines Lieds, und sofort fallen die anderen ein und ergänzen. Das Spannende daran sei, erklärt mir Giobatta später, daß die einzelnen Stimmen ohne Absprache einsetzen.

Der sogenannte »Trallallero«, ein Chorgesang, ist ursprünglich in der Val Polcevera, einem engen Gebirgstal bei Genua, entstanden. Der Name erklärt sich aus dem Strophenende, das meist mit dem Wort *trallallero* abschließt. Das Besondere daran ist, daß die mindestens fünf Sänger eben nicht zusammensingen, sondern jeder einzelne Solist ist. Die Sänger sprechen sich weder über das Lied noch über die Tonart ab, obwohl es natürlich genau definierte Regeln gibt, nach denen die Gesangselemente zusammengefügt werden müssen. Entstanden sind die Lieder bereits im sechzehnten Jahrhundert in den Genueser Osterien und haben sich häufig an religiösen Liedern auch aus anderen Regionen Italiens orientiert. Oft wurden sie innerhalb einer Familie von Generation zu Generation überliefert. Sie erzählen vom Leben an der Riviera, von der täglichen Mühe und von den Gefahren, die das Meer mit sich bringt. Die Lieder werden zwar jetzt seltener aufgeführt, aber inzwischen als lebendige Tradition der Genueser Vergangenheit wieder geschätzt. Unlängst fand sogar ein »Trallallero«-Konzert im Dogenpalast statt, und Giobatta stimmt als bewegenden Abschluß das *Ma se ghe penso*, die berühmte und sentimentale Ballade der Emigranten an, die von Genuas Hafen aus in die Neue Welt aufgebrochen sind.

»Möchten Sie unseren Hafen bewundern?« fragt Giuseppe Marcenaro und gibt hinter den durchsichtigen Vorhängen seines Arbeitszimmers den überwältigenden Ausblick preis. »Genua ist von oben gesehen am schönsten, weil man so genügend Abstand zu den Geheimnissen und Widersprüchen der dort unten verborgenen Welt hat. Manchmal erinnert es mich an die alten Hansestädte wie zum Beispiel Lübeck, nur daß es hier keinen Thomas Mann gab, der die Geschichten unserer Bürgersfamilien mit all ihren Zwistigkeiten, ihrer Bösartigkeit und ihrem Schmerz niedergeschrieben hat. Und natürlich mit dem Unterschied, daß Genua nach Süden blickt und es hier nicht den geringsten Anflug von Heldenhaftigkeit gibt, sondern man sich im Gegenteil gern bedauert.«

Giuseppe Marcenaro, Schriftsteller und Kunstkritiker, hat sich in zahlreichen Büchern und Ausstellungen mit der Geschichte Genuas beschäftigt. »Die Menschen in Genua sprechen viel über sich und ihre große Vergangenheit, als die Stadt noch die *Superba*, die Stolze oder Erhabene des Mittelmeers, genannt wurde, die manchmal sogar Pisa oder Venedig in die Knie gezwungen hat. Damit ist viel Nostalgie und fast wehmütige Erinnerung verbunden. Lange Zeit war Genua der wichtigste Hafen des Mittelmeers. Heute, wo die Stadt nicht mehr diese Bedeutung hat, erzählt man von der vergangenen Größe Genuas.« Sie ist also eher eine erzählte als eine gelebte Stadt – und so hat sich Marcenaro in seinen eigenen Büchern auch den historischen Berichten der Besucher Genuas gewidmet.

»Viele Reisende haben Genua in den vergangenen Jahrhunderten besucht – manchmal zufällig oder weil sie im Hafen auf der Durchreise waren. Oft haben sie den Hafen beschrieben, der bis zur Industrialisierung mit seinen Reihen von Segelschiffen einen überwältigenden Anblick bot und die Phantasie und das Fernweh anregte.« Aber über diese Erinnerung an die große Vergangenheit habe Genua vielleicht auch den Anschluß an andere, notwendige Entwicklungen verloren. »Und deshalb erzählt oder reflektiert man diese Vergangenheit mehr, als daß man die Gegenwart lebt.«

Am besten offenbart sich der Charakter der Stadt in der Poesie Eugenio Montales, dessen Biographie Marcenaro verfaßt hat. Seine Heimatstadt Genua hat den großen Dichter ganz und gar nicht geschätzt. Wozu sind Dichter gut, werden sich die pragmatischen Genueser Händler wohl gefragt haben. Zwar standen zur Blütezeit der Seerepublik die berühmtesten Maler im Dienst der reichen Genueser Familien, und so entstanden die bekannten Gemälde, die heute im Palazzo Bianco in der Via Garibaldi ausgestellt sind. Aber das Anliegen der Porträtierten und Auftraggeber war nicht etwa die Liebe zur Kunst, sondern das Bestreben, sich und die eigene Macht in Szene zu setzen. So wie sie Handelsschiffe und Galeeren kauften, akquirierten die Genueser auch Maler und Künstler.

»Hier passiert nie etwas«, mit diesem Satz faßt Giuseppe Marcenaro die Haltung der Genueser zusammen. Das war jedenfalls das Lebensgefühl der Vergangenheit. »Vielleicht ist jetzt mit der Sanierung des Stadtbilds eine Ader des fast toten Körper wiedererweckt worden, die dem Ganzen neues Leben einzuhauchen vermag. Die Stadt öffnet sich langsam der Welt: Ein wichtiger, wenn auch mühsamer Schritt, weil wir Genueser nicht an schnellebige, vergängliche Dinge gewohnt sind. Dieses Aufwachen begann vor etwa zehn Jahren, als Renzo Piano mit der Umstrukturierung des Hafengebiets begonnen hat. Danach wurde die Altstadt saniert, und allmählich werden die Genueser Paläste der Stadt und ihren Besuchern zugänglich gemacht. Es ist, als sei die Stadt aus einem siebenhundertjährigen Winterschlaf erwacht.«

Und schließlich gibt Giuseppe Marcenaro noch ein Beispiel für die Überzeugung der Genueser, mit

Geld alles kaufen zu können: Bei seiner Arbeit in den Archiven stieß er irgendwann einmal auf die Geschichte des Kaufmanns, der glaubte, sich durch eine Versicherungspolice den Zutritt ins Paradies garantieren zu können. Den Platz im Paradies wollte man sich auch durch den Bau aufwendiger Kirchen sichern – und dabei ist niemand weniger fromm als die Genueser.

Was gefällt ihm selbst hier? »Das Licht, und wenn im Herbst die Sonne über dem Hafen untergeht. Dann taucht die Sonne die ganze Stadt in das rote Licht des Südens, wie es auch in Samoa zu finden ist. Die besondere Atmosphäre in der Stadt, wenn sie nach einem heftigen Gewitter manchmal blau schimmert und wie reingewaschen wirkt, sich die Wellen nach dem Sturm noch kräuseln und die Konturen der Paläste von Licht und Schatten nachgezeichnet sind. Dann sieht man, daß die Stadt von einer fast schmerzhaften Schönheit ist, wie sie nur aus dem Zusammenspiel von Mensch und Natur entstehen kann.«

Eines der bekanntesten Stücke des »Teatro della Tosse« ist »Das Schweigen Genuas – Die anderen sprechen über uns«, das unter anderem auf einer von Giuseppe Marcenaro zusammengestellten Chronik von Eindrücken der Besucher Genuas basiert. Zusammen mit Volksweisheiten und Anekdoten hält diese faszinierende Collage der Stadt mit ihrem vielschichtigen Wesen einen imaginären Spiegel vor.

Darin findet man auch eine Äußerung des Wahl-Ligurers Mario Soldati, die vielleicht bezeichnend ist: »Wenn ein Reisender, vielleicht aus Japan, in einem Land nur eine einzige Stadt besichtigen möchte, dann kann es in England nur London oder in Frankreich nur Paris sein. Aber in Italien? Weder Rom noch Florenz, und noch weniger Mailand, Turin, Venedig oder Neapel vermitteln einen Eindruck vom gesamten Land. Es gibt nur eine einzige Antwort – Genua. Weil Genua ein bißchen allen italienischen Städten gleicht. Hier finden sich die bunten Straßen von Palermo, eine Uferpromenade, die wie in Neapel oder Bari am Meer entlangführt, Gassen wie in Venedig, Hügel wie in Ancona, Bauwerke wie in Rom oder Florenz, eine Industrie wie in Mailand und Stadtviertel, wie sie im neunzehnten Jahrhundert in Turin entstanden sind. Ganz Italien und alle Epochen der italienischen Geschichte haben in der mittelalterlichen Altstadt Genuas ihre Spuren hinterlassen.«

»Wenn man in Genua geboren ist«, sagt Giuseppe Marcenaro, »dann erkennt man irgendwann, daß jeder Mensch ein Odysseus, ein Reisender auf der Suche ist. Sehen Sie, jetzt haben wir mein Arbeitszimmer nicht einmal verlassen, und ich habe Ihnen Genua erzählt!«

Goldene Blüten und schwarze Netze

Blumenzucht an der Riviera dei Fiori

Morgens kommt Massimo mit schlammigen Stiefeln vorbei. Der Regen hat an diesem Wintertag so stark an der Riviera gewütet, daß er um seine Mimosenblüten bangen muß. *Sono un contadino*, ich bin ein Bauer, sagt er, und sein Schicksal sei ihm in die Wiege gelegt worden: *Conta di no*, man kann sich auf nichts verlassen. Das jedenfalls hat sein Freund, der alte Ceres, sein Leben lang gesagt. Heute ist so ein *conta-di-no*-Tag. Er rechne also nicht damit, daß die Mimosen den Regen überstehen oder der starke Wind nachts ihre zarten Blüten nicht zerstört. Doch er habe immerhin das Privileg, auf diesem paradiesischen Stück Land zwischen Bordighera und Apricale Blumen anbauen zu können. Obwohl die ligurischen Seealpen manchmal bedrohlich nah erscheinen und

Massimos Mimosenhaine auf über dreihundert Meter Höhe liegen, ist das Klima durch die geschützte Lage am Golf so mild, daß die meisten Pflanzen ohne Gewächshaus angebaut werden. Gewächshäuser bedeuten Energieverbrauch und steigende Kosten, die sich hier angesichts der bedrohlichen Konkurrenz aus Billiganbauländern niemand mehr leisten kann. Sein Jeep sei voller Schlamm und für Besucher kaum geeignet, warnt Massimo, aber wir wollen uns trotzdem die Mimosen anschauen. Schon von weitem sieht man die verführerische Mischung aus Grün und Gelb, fast ist es, als rieche man das Grün. Trotz des verheerenden Wetters fängt Massimo zu schwärmen an: Er ist zwar einer, der sich auf nichts verlassen, aber im schönsten Winkel der Welt duftende Blumen anbauen kann. Die silbrigglänzenden Olivenbäume verschwimmen von oben gesehen zu einem Teppich mit den Mimosen, die in der fahlen Novembersonne schon mit einem Hauch Gelb überzogen sind.

In der Hauptsache lebt Massimo von seinen Blumen, der Ertrag der Ölbaume ist für die Familie und für wenige auserwählte Freunde bestimmt. Während er erzählt, spürt man, daß er sich bewußt für dieses Leben entschieden hat: ein kleiner Gutshof in den Bergen, mit dem er seine vierköpfige Familie versorgt, obwohl er aus San Remo und aus gar nicht bäuerlichen Verhältnissen stammt. Damals, als das Leben an der Riviera noch vornehm war, besaß seine Familie dort eine Reederei.

Fast alles für den täglichen Bedarf produziert er selbst. Eifersüchtig wacht er über die Verwendung seines Öls, will wissen, ob es bei den Freunden in der Stadt gut aufgehoben ist und ob es wirklich im Dunklen steht. Sein Freund, ein Arzt aus Turin, kommt einmal im Jahr zur Olivenernte, weil er in den herabprasselnden Oliven »duschen« will. Und wieder ist sich Massimo des Privilegs bewußt, daß er, wenn er will, jeden Tag »in Oliven duschen« kann.

Als er damals aus San Remo in die Berge gezogen ist, hat Massimo Malanima 25 000 Quadratmeter verlassenes Land gekauft, die alten Olivenbäume zurückgeschnitten und dazwischen Mimosen gepflanzt. Wegen der Konkurrenz aus Holland, Afrika und Südamerika setzt man hier vor allem auf Mimosen, Ginster, Qualitätsblumen wie Gerbera und *il verde*, Ziergrün. All das gedeiht ohne Gewächshaus, und die Gerbera wachsen ebenso wie das Grün vor zuviel Sonne von schwarzen Netzen geschützt. Ganze Berghänge sind mit schwarzen Streifen bedeckt und bieten einen seltsamen Anblick.

Massimo rechnet in Quadratmetern, wie fast jeder Bauer in Ligurien, da es in der Enge dieser Landschaft fast nirgendwo eine zusammenhängende Fläche vom Maß eines Hektars gibt. Auf 15 000 Quadratmetern hat er inzwischen Ziergrün angepflanzt. Mimosen sind relativ anspruchsvolle Pflanzen, deren Blüte Mitte Februar beginnt. Dann werden die Blüten oder ganze Zweige als begehrter Frühlingsgruß nach Nordeuropa transportiert. Am achten März, dem in Italien sehr gefeierten Frauentag, verschenkt man sie im ganzen Land an die Frauen. Dann sind Massimos Mimosen sogar hinter den Scheibenwischern der Linienbusse in die Kleinstadt Arma di Taggia zu sehen. Aber es gibt auch frühe Sorten Mimosen, deren Blüte bereits im Dezember beginnt. Mimosen und Ginster werden pro Kilo verkauft, alle anderen Blumen pro Stiel. Die zu Halb-Kilo-Sträußen mit verschiedenen langen Stielen geernteten Zweige werden gebündelt und müssen vor dem Weitertransport zehn Stunden im Wasser liegen. Mimosen haben Durst, sagt Massimo, und es klingt, als ob er von den abendlichen Gästen seines kleinen Landguts erzählt. Die klimatischen Verhältnisse sind hier optimal: Im Winter herrscht eine Durchschnittstemperatur von elf Grad, im Sommer sind es zweiundzwanzig. Die Sonne scheint über zweitausend Stunden im Jahr, das heißt an neun von zehn Tagen.

Auch bei Massimo sind die Anbauflächen, von Trockenmauern aus Natursteinen gestützt, nur wenige Meter breit. Städtischen Konsum hat er sich weitgehend abgewöhnt, angesichts der vielen im Herbstregen zusammenbrechenden Mauern, die er ständig herrichten muß. Die Instandhaltung der Mäuerchen wird normalerweise von der *Comunità Montana*, einer regionalen Behörde zur Förderung der Landwirtschaft, bezuschußt, aber deren Kassen sind häufig leer. In der Stadt kaufen sich die Leute jedes Jahr ein Auto, auf dem Land richtet man mit dem Geld eben die Trockenmauern her. Die Steine muß Massimo kaufen. Was für ein absurder Widerspruch – obwohl ganz Ligurien aus steinigem Boden besteht, werden die großen Sandsteine für viel Geld gekauft. Sogar die Stadt Genua wurde aus Marmor erbaut, weil die Steine hier zu teuer waren.

Riviera dei Fiori – der Name ist durch die Blumenzucht und die Plantagen entstanden, die seit dem neunzehnten Jahrhundert das Gesicht der westlichen Riviera prägen. Die sonnenhungrigen Besucher aus England brachten bereits Mitte des neunzehnten Jahrhunderts seltene Blumensamen mit. Die ersten Touristen waren »blasse Wesen in durchscheinenden Kleidern und mit ebenso transparenter Haut«, wie es in den lokalen Chroniken amüsiert heißt. Mitsamt ihren Blumensamen, die sich in dem milden Klima schnell verbreiteten, suchten sie hier Zuflucht vor dem Nebel ihrer Heimat.

Überall an der Küste wurden um die neugebauten Villen riesige Palmengärten angelegt, die im berühmten Städtchen Bordighera – gleich unterhalb von Massimos Mimosenhain – heute noch zu bewundern sind. Doch schon vierhundert Jahre zuvor wurden Rosen und Nelken von der Riviera zu besonderen Anlässen wie fürstlichen Hochzeiten in die oberitalienischen Städte verschickt. Die eigentliche Blumenzucht begann Mitte des neunzehnten Jahrhunderts in San Remo.

Es heißt, der französische Dichter Alphonse Karr habe aus einer Laune heraus seiner Pariser Freundin von der Riviera Rosen geschickt. Nicht nur die, sondern all ihre Freundinnen waren entzückt. Die ersten Rosen wurden also verschenkt, aber schon bald darauf teuer verkauft. Schließlich suchte der französische Dichter einen Bauern an der Küste auf und schlug ihm vor, auf seinen Terrassen Rosen anzupflanzen. Der Spott der Olivenbauern verstummte schnell, als die blühende Ernte mit Hundert-Lire-Scheinen bezahlt wurde. Im folgenden Jahr waren auf den steilen Terrassen nur noch Blumen zu sehen. Vor allem in San Remo entstanden riesige Nelkenplantagen, die sich zum Verschicken eigneten und durch sorgfältige Bewässerung und Züchtung verbessert wurden. Berühmt wurde die 1832 kreierte Sorte »Remontan« mit ihrer besonders vollen Blüte, der später Neuschöpfungen in allen Farben folgten.

Der erste Blumenmarkt entstand im Jahr 1895 in Ospedaletti bei San Remo und wurde von zwei bis sechs Uhr morgens abgehalten. Danach wurden auf dem Marktplatz wieder Gemüse und Obst verkauft. Die Blumen kamen aus den Dörfern des Hinterlands: Gleich nach Mitternacht brachen die jungen Frauen auf und trugen sie in Weidenkörben auf dem Kopf zum Markt. Massimo erzählt, daß sein Vater noch die Blumenmädchen in Genua erlebt hat. Auf der Piazza De Ferrari im Herzen der Stadt wurden früher Tag und Nacht Blumen verkauft, winzige

Sträuße, die sorgsam in Körben angeordnet waren, oder einzelne, an den Stielen zusammengebundene Blüten. Die Menschen verschenkten Blumen zu allen Gelegenheiten und schmückten Haar und Kleidung damit.

Ende des neunzehnten Jahrhunderts traten zum ersten Mal aufwendige, in Kartons verpackte Kamelienblüten ihre Reise von Genua durch ganz Europa an und gelangten sogar bis nach Moskau. Eine regelrechte Industrie begann wenig später, als die Bewohner der Küste allmählich die guten Anbaubedingungen geschickt zu nutzen lernten.

Von der Zucht bis zur industriellen Vermarktung immer neuer Sorten war der Weg nicht weit. Auf dem Landweg gelangten neue Blumensamen aus dem nahen Frankreich nach Ligurien, im Hafen von Genua kamen sie aus China, aus Japan und Afrika an. Viele Traditionen sind bis heute erhalten geblieben: Immer noch ist Chiavari das Zentrum der italienischen Orchideenproduktion. Als man noch weitgehend in Gewächshäusern anbaute, waren die Glasdächer oft mit Kalk bestreut, um die Blumen vor der Sonne zu schützen.

Auf der kurvenreichen Straße zwischen Bordighera und Apricale herrscht reger Verkehr: Kleine und mittlere Lastwagen mit blühender Ladung, wohin man sieht. Massimo liefert nach einem System, das ihm eine gewisse Unabhängigkeit garantiert: Einen Teil seiner Blumen bringt er zur

Blumengenossenschaft nach Bordighera, einen anderen Teil direkt zum Großhändler nach Arma di Taggia.

Dort hat Sandro Cepollina die Initialen seines Namens zum Emblem des Firmensitzes gemacht. Von außen sind unter den leuchtenden Großbuchstaben CS ein stattliches, recht grünes Anwesen und ein Wagenpark zu sehen. Das Fenster von Sandro Cepollinas Büro geht auf sterile, unterkühlt wirkende Hallen hinaus. Blumenbinderinnen in grüner Einheitstracht sortieren und binden riesige weiß-rote Nelkensträuße. Wo die wohl hingehen? In die ehemalige DDR, sagt Sandro Cepollina, dort sind Nelken aus San Remo äußerst beliebt. Er spricht perfekt Deutsch, und die Geschichte, die er mit Blick auf die Blumenbinderinnen erzählt, ist die eines typischen Self-made-Mannes. Aus eigener Kraft hat er 1985 seinen Betrieb gegründet, davor ist er um die ganze Welt gereist, hat sich Sprachkenntnisse und kaufmännisches Geschick angeeignet.

Mit einhundertzwanzig festen Mitarbeitern ist sein Betrieb der größte dieser Art in ganz Italien. Blumenzucht und -handel sind saisonabhängig, deshalb muß er auch mit Saisonarbeitskräften arbeiten, was er selbst nicht besonders schätzt. Aber bei den harten Bedingungen am Markt bleibt ihm keine andere Wahl. Die Konkurrenz aus Südamerika, Afrika und Holland hat aber auch dazu geführt, daß man an der Riviera auf Qualität gesetzt hat. 2500

Kleingärtner liefern jeden Morgen Mimosen, Ginster, Saisonblumen und Ziergrün bei CS ab.

Die Kleingärtner sind in der Hauptsache Familienbetriebe, meist schon seit mehreren Generationen. Denn Blumenzucht setzt viel Geschick, Sorgfalt und Sachwissen voraus.

Zwischen den beiden Kriegen hat die Riviera dei Fiori den ersten Aufschwung erlebt. Und während der Glanzzeit der Blumenkultur, in den sechziger und siebziger Jahren, sind viele Familien hier sehr reich geworden, sagt Sandro Cepollina. Auch viele der perfekt renovierten kleinen Häuser im Hinterland sind dafür Zeugnis.

Sandro Cepollina ist zugleich Vorsitzender der Handelskammer. Die wirtschaftliche Entwicklung in Ligurien ist begrenzt, ein reicher Landstrich wird es nie werden, aber das Klima und die Nähe zum Meer schaffen eine überdurchschnittliche Lebensqualität, die er sehr schätzt. Diese Bedingungen zu erhalten und den Energieverbrauch nicht zu erhöhen ist das eigentliche Ziel seiner Arbeit.

Siebzig Prozent der Blumen seines Großhandels gehen nach Deutschland, mehrere Lastwagen sind täglich von Süden nach Norden durch ganz Deutschland unterwegs. Schließlich kommt ein Anruf aus Bremen, weil einer der Lastwagen liegengeblieben ist und der Fahrer aufgrund der strengen Kontrollen dringend eine Pause machen muß: Den Transfer nach Holland wird er heute nicht schaffen, für frische

Blumen ein Problem. In einer globalisierten Welt löst der Chef solche Probleme am Telefon und sorgt für Ersatz.

Gleich hinter den Büros befinden sich die Lagerhallen für Ziergrün, das sorgsam in schwarzen Kübeln auf den Regalen angeordnet ist. Verschwenderisches Grün mit exotischen Namen, das jedoch in jedem Blumenstrauß zu finden ist: Asparagus, Aukuba, Cotinus, Dodonea, Eukalyptus, Lorbeer und falscher Pfeffer. In den Kübeln sehen die vielen hundert gebündelten Zweige wie ein ungewöhnlicher und duftender Wald am Meer aus: Kaum zu glauben, daß diese Pracht im Freien und an der Riviera hinter jedem Gartenzaun wächst. Als Sandro Cepollina die Namen aufzählt, bekommen die Zweige fast etwas Wissenschaftliches.

In jedem der Räume herrscht eine andere Temperatur: lauwarm bei Efeu und Ziergrün, das einen halben Winter lang hält, eiskalt bei den Nelken. Dazwischen glänzen dekorative Palmzweige, Dattelpalmen und Zierpaprika. Jedes Land habe eben seine eigenen Blumengewohnheiten: In Italien ißt man die kleinen roten Schoten, in Deutschland werden sie in die Vase gestellt. Der nordeuropäische Advent ist für Blumenzüchter eine lukrative Jahreszeit, in Italien hingegen ist dekorativer Adventsschmuck überhaupt nicht bekannt. Aber andererseits werden für den deutschen Markt die Margeriten nicht knallbunt gefärbt.

Im Nebenraum sind Ranunkelsträuße, Margeriten und phantasievolle Neuzüchtungen praller Nelken untergebracht: Neben den klassischen roten und weißen leuchten champagner- und lachsfarbene Blüten. Nelken aus San Remo sind teuer im Vergleich zu der osteuropäischen Billigversion. Aber die Blumenpreise ändern sich täglich, es ist ein Geschäft wie an der Börse. 23 Cent hat ein Margeritenstiel heute morgen auf dem Markt gekostet. Am Ende der Kühlräume arbeiten die Blumenbinderinnen in sterilen, hygienisch sauberen Lagerhallen: Hier sieht es klinisch rein wie in einem Krankenhaus aus, Hygiene und Professionalität werden großgeschrieben. Oberhalb der Sortiertische sind die Maßangaben für die jeweilige Länge von Nelken oder Rosen und die Karteinummer der einzelnen Kunden angebracht.

Das Büro von Riccardo Giordano, Vorsitzender der Gewerkschaft für Blumenzüchter, befindet sich im zweiten Stockwerk der Großmarkthalle für Blumen von San Remo. Giordano hat Jura studiert und ist im Nebenberuf Bürgermeister des Dörfchens Pietrabruna im Hinterland mit 592 Einwohnern. Bürgermeister ist er zweieinhalb Tage in der Woche, die Samstage eingeschlossen, und eigentlich für alles zuständig, was im Dorf wichtig ist. Die restlichen Wochentage widmet er sich seinen Aufgaben als Gewerkschaftsvorsitzender. Sein Büro im Hauptsitz der Gewerkschaft der Blumenzüchter mit ihren achttausend Mitgliedern ist oberhalb des Blumenmarktes in der Valle Armena, zwischen San Remo und Arma di Taggia, untergebracht. Blumenhandel ist immer ein kühles, und nie ein romantisches Geschäft. Auf dem Zementboden der riesigen Halle, gleich unterhalb von Giordanos Büro, ist keine einzige abgefallene Blüte zu sehen. Natürlich war der alte Blumenmarkt im Stadtzentrum von San Remo malerischer, aber in der engen Innenstadt hat er für heilloses Chaos gesorgt. Vor lauter Autos sieht man ohnehin in San Remo die prächtigen Jugendstilfassaden nicht mehr – eine Fehlentwicklung. Vielleicht wurde die neue Markthalle gebaut, als die Glanzzeit des Blumenmarkts schon zu Ende war. Etwa hundert Verkäufer und Händler kommen jeden Morgen hierher. Aber inzwischen wickeln die meisten Großhändler ihre Geschäfte direkt mit den Kleingärtnern ab. Für die Anbauer bedeutet das, daß sie stärker als früher den Großhändlern ausgeliefert sind und deren Bedingungen akzeptieren müssen. Auf internationaler Ebene verläuft der Kontakt fast ausschließlich über Grossisten, die meist über ein gut ausgebautes Transportsystem verfügen. Natürlich fürchtet die ganze Branche die Billigrosen aus Kenia. Arbeitskräfte in Italien sind teuer, sagt Giordano, gerade bei uns, wo die von der Gewerkschaft ausgehandelten Verträge unantastbar sind. Aber dafür haben wir den Vorteil, daß das Produkt den kürzeren Weg zum Kunden hat, auch wenn Ligurien abseits der großen Verkehrsrouten liegt. Der ligurische Blumenanbau ist weitgehend vom deutschen Markt abhängig, und in schwierigen wirtschaftlichen Zeiten sind Blumen fast schon ein Luxusprodukt. Von der engen Straße zu Massimos Gut führt also auch der Weg hinaus in die Welt: Seiner Plantage geht es gut, wenn die deutsche Wirtschaft blüht.

In seinem Arbeitszimmer hält Riccardo Giordano in einem blauen Heft die Daten zur wirtschaftlichen Entwicklung Liguriens bereit: Öl, Tourismus und Blumenzucht. Das qualitativ hochwertige Öl und seine Produktion ziehen auch Besucher an. Vielleicht könnte man Tourismus und Olivenanbau stärker miteinander verbinden, überlegt er. Das ligurische Öl sei bekannt, und man wisse ja, daß Essen für jeden Italiener heilig ist. Kleinbauern und Tourismus, reicht das zum Leben? »Wir haben kaum Arbeitslosigkeit, weil der Bevölkerungszuwachs plus minus null ist«, erklärt Riccardo Giordano. »Ligurien hat schon immer abseits der großen Handelsrouten gelegen, die von Nord- und Mittelitalien nach Nordeuropa führen, aber wir haben eine unvergleichlich hohe Lebensqualität: das beste Klima Norditaliens.«

Aus diesem Grund ziehen so viele Ausländer und Rentner aus Norditalien hierher, die die kleinen Bergdörfer wieder belebt haben. Vielleicht ist es die beste Strategie, diese Qualitäten der Riviera zu erhalten und damit auch eine weitgehend unberührte Landschaft. In der Provinz Imperia beispielsweise gibt es nichts, was man als urbane Struktur bezeichnen könnte. In den Hügeln oberhalb der Riviera verläuft das Leben stiller als andernorts. Vielleicht soll man gar nicht von Entwicklung sprechen, sondern darauf setzen, daß alles beim alten bleibt. Oder kann es jemandem besser gehen als Massimo zwischen seinen Oliven und Mimosen?

Früher, in den sechziger und siebziger Jahren, erzählen uns Massimos Nachbarn zum Schluß, wurden in den Bergen große Mengen an DDT versprüht. Je mehr, umso besser. Wer damit arbeitete, trug als Schutz oft nur ein Taschentuch vor dem Mund. Auch der Metzgershund war einer solchen Sprühaktion zum Opfer gefallen – bereits am Tag danach. Ein alter Mann aus der Nachbarschaft hat jahrzehntelang mit zehn Metastasen überlebt und war schließlich eines qualvollen Todes gestorben. Viele solcher Fälle haben zu einem Umdenken geführt.

Merkwürdig, sagt Massimo beim Abschied, daß ausgerechnet die Ligurer auf ihrem kargen Stück Erde, das kaum zum Überleben reicht, eine solche Liebe zu den Blumen entwickelt haben. Oder ist gerade die Kargheit des Bodens der Grund, daß man sich hier an Rosen, Nelken, Lorbeer und Gerbera besonders erfreut? Er sei jedenfalls mit seinem Schicksal als Blumenzüchter, wie *fioricoltore* übersetzt werden muß, sehr zufrieden. Oder sollte man ihn und seinesgleichen, die Erde und Blumen bewahren, nicht lieber Blumenbauer nennen, *contadino dei fiori*?

Der Trank der Götter

Dorfleben zwischen Weinreben und Ölbäumen

Danila rechnet in Maßen, wie sie aus der Vergangenheit überliefert sind: Ein Arbeitstag wurde mit eineinhalb Kilo Parmesan entgolten. Bei Frauen war es manchmal etwas weniger, wenn Männer sehr schwere Arbeiten verrichteten, etwas mehr. Danila Pisano ist Winzerin und hat noch mehr solcher Maßeinheiten im Kopf. Als wir zu ihrem Weinberg fahren, kommen ihr nicht nur die Zeit ihrer energischen Großmutter, sondern ihre eigenen Anbaumethoden in den Sinn: Dreizehn Kilo Oliven – soviel, wie man von Hand an einem Tag sammeln kann – ergeben 2,4 Liter Öl. In einer ligurischen Großfamilie ist das manchmal auch der Verbrauch von einer Woche. Immer wieder ist zu spüren, wie die harte Arbeit der Vergangenheit Teil der kollektiven Erinnerung ist.

»Du weißt doch«, sagt Danila, »unsere Vorfahren sind die Berge hinuntergestiegen, haben die Erde von den Felsen gekratzt und unter oft schwierigen Bedingungen Oliven und Wein angebaut.« Man spürt, daß es Danila heute mit ihrem Weinberg auch nicht viel besser ergangen ist. Sie sei hier *foresta*, wie im ligurischen Dialekt Fremde genannt werden, sagt sie, genauso wie die vielen Ausländer an der Riviera oder die Norditaliener, obwohl sie aus dem gerade vierzig Kilometer weiter hinten im Tal gelegenen Triora stammt. Danila lebt in dem Dörfchen Apricale, dessen Name von dem lateinischen Wort »apricus« abgeleitet soviel wie »der Sonne zugewandt« heißt. Apricale ist inzwischen zum Synonym für ein Musterdorf geworden. Die alten Steinhäuser im Ortskern wurden sorgsam ohne Aluminiumfenster restauriert, es gibt ein Museum und ein Kulturzentrum, und im Sommer nutzt das Genueser »Teatro della Tosse« das gesamte Dorf als Kulisse für eine phantastische Reise in die Vergangenheit. Im Palazzo Comunale sind die *Antichi statuti di Apricale*, der mittelalterliche Kodex, der alle Regeln des Gemeinschaftsleben überliefert, aufbewahrt.

Wie das ganze Gebiet um die kleine Stadt Dolceacqua gehörte auch Apricale zum Herrschaftsgebiet der Fürsten Doria. Die mittelalterlichen Orte, dreihundert Meter über dem Meer gelegen, bilden einen gleichmäßigen Fächer auf den Bergkämmen. Eine einheitliche, faszinierende Architektur: Jedes Tal wird von einem Wildbach durchzogen, jeder Berg von einem Dorf gekrönt. Die schmalen Häuser schmiegen sich an Burgen und Geschlechtertürme. Viele architektonische Elemente des Mittelalters, steinerne Brunnen, Portale aus Schiefer und Türstürze, sind erhalten geblieben. Wenn man ihre fein ziselierten Schieferarbeiten – aus dem typischen Material Liguriens – genauer betrachtet, können sie über tausend Jahre Geschichte und Mythen erzählen. Schiefer ist das einzige Material, erzählt Danila, das in Ligurien ausreichend vorhanden ist. Auch heute wird es noch als Baumaterial sogar für Dächer und für Kunstobjekte verwendet.

Wieviele Menschen leben hier? Vierhundertfünfzig, wenn alle zuhause sind. Da hinten, unter dem steinernen Bogen, hat früher der Schmied gewohnt. Neben seinem Haus waren alle Esel des Dorfes angebunden. Sie teilten das mühsame Dasein der Bewohner, stellten aber für ihren Besitzer bereits Reichtum dar. Wenn man nachts durch die engen Gassen um den Dorfplatz geht, erzählt Danila, kommt es einem manchmal so vor, als hallten noch die Schritte der Vergangenheit nach. Früher hat sie die kleine Bar an der Piazza geführt und im Sommer mit den anderen Dorfbewohnern am steinernen Brunnen gesungen. Sie habe sich entschlossen, hierzubleiben. »Soll ich mit meinen siebenundvierzig Jahren noch in der Welt herumziehen?« Vielleicht ist sie auch zu tief mit der ligurischen Erde verwurzelt, denkt man später, wenn man Danila zwischen ihren Rebstöcken sieht. Ihr Lebensgefährte arbeitet tagsüber an der Autobahn und bewirtschaftet mit Danila zusammen nach Dienstschluß den Weinberg: Bis 16 Uhr bezahlte Lohnarbeit, danach die Leidenschaft – im an Arbeitsplätzen armen und an Flexibilität reichen Italien keine Seltenheit.

Danila Pisano baut einen renommierten Spitzenwein, den Rossese, nach biologischen Richtlinien an, was bei all den schnellwuchernden Dornen und den weiten Wegen harte Arbeit ist. 1997 hatte sie damit begonnen, ein Stück Land im nahen Soldano an optimaler, sonniger Stelle mit neuen Reben zu bepflanzen. Wir fahren über die Hügel zu den 3500 Quadratmetern, auf denen sie 1850 Reben angepflanzt hat. In Ligurien vergißt man solche Zahlen nicht, wenn man jeden Zentimeter Erde mit den eigenen Händen berührt hat. Aufgrund der Zusammensetzung des Bodens und der Höhe – nur 77 Meter über dem Meer – ist die Lage hier ideal. Der Rossese ist ein Edelwein, ein ligurischer Mythos, weil er, wie könnte es anders sein, mit der Erinnerung an harte Arbeit verbunden ist. Der Name stammt angeblich von *roccia,* Felsen, ab, weil der Boden für den Anbau mühsam den Felsen entrissen werden mußte. Danila ist stolz, daß sie inzwischen hauptberuflich Winzerin ist und das Etikett ihren Namen trägt: Rossese superiore, 12,5 Grad, steht handschriftlich darauf. Daneben ist ein schlanker

Bacchus gemalt, der beinahe aussieht wie eine junge Frau. Ihre Tochter hat den Gott des Weins für die Etiketten entworfen. Danila hat feste Kunden, unter denen viele gute Restaurants sind, und kommt manchmal mit der Produktion kaum nach.

Zum ersten Mal wird der Rossese in einem Dokument aus dem sechzehnten Jahrhundert erwähnt, weil ihn damals schon Papst Alessandro Farnese getrunken hat. Es ist ein aristokratischer, dunkelroter Wein, sagt Danila, der nach reifen Rosen, Erdbeeren und irgendwie nach der Herbheit der Riviera schmeckt. Und auch Napoleon war bei seinem Zug durch Ligurien so begeistert davon, daß er sich seinen Weinkeller damit füllen ließ und dem Wein sogar seinen Namen geben wollte. Außerhalb Liguriens ist der Rossese trotz seiner Qualität kaum bekannt, was aber einfach daran liegt, daß es so wenig davon gibt. Für Danila ist er ein fester Bestandteil der Landschaft, weil er zur gleichen Zeit wie die Burgen und Dörfer entstanden ist.

Neben dem Rossese wird an der Ponente vor allem der weiße Vermentino angebaut, der angeblich im Jahr 1300 als »Malvoise« von den Pyrenäen an die Riviera kam. Im Gegensatz zum Rossese ist der Vermentino, der laut Kennern nach Blumen, Kräutern, Früchten und ein bißchen nach Harz schmeckt, häufig zu finden und meist von guter Qualität. Der dritte bekannte Wein Liguriens ist der weiße Pigato, den es hier seit dem siebzehnten Jahrhundert gibt und der vor allem auf der roten Erde der kleinen Stadt Albenga angebaut wird.

Die meisten von Danilas Nachbarn haben sich entschlossen, Blumen anzubauen – das ist einträglicher. Manchmal, wenn sie wieder das Dornengestrüpp um ihre Reben sieht, beneidet sie andere Winzer um ihr Unkrautvernichtungsmittel. Aber nur einen winzigen Augenblick lang, bevor sie wieder zum Mähgerät greift.

Warum es hier keine Winzergenossenschaften gibt? Die Ligurer in den Bergen sind äußerst eigenwillig, lauter Einzelkämpfer, es ist selten, daß man sich mit dem gleichen Anliegen zusammenschließt. Als wir später bei der reich mit Oliven belegten ligurischen Pizza und dem neuen Rossese im kleinen Lagerraum sitzen, klebt Danila Etiketten auf die Flaschen und zeigt Fotos, wie sie angefangen hat: Von mehreren Verwandten hat sie winzige Parzellen aufgekauft, die meterhohen Dornen gerodet, das Gestrüpp verbrannt, den Boden gepflügt, die Steinmauern wieder errichtet, junge Reben gepflanzt und sich mit den Methoden des biologischen Anbaus vertraut gemacht. Auf einem Foto ist sie vor dem rauchenden Feuer der Macchia zu sehen. Heute ist die harte Arbeit vergessen, und Danilas Weinberg ist ein Juwel geworden. Sie würde gern weiteres Land aufkaufen, aber die Investition ist enorm, bevor der Weinberg trägt. Fördergelder der Region sind rar, und in jedem Fall müssen sie vorgestreckt werden.

Etwa vierzigtausend Euro hat sie damals in den Weinberg investiert. Auf dem Nachbargrundstück steht ein uralter, wunderschöner Steinbrunnen, der aber vor lauter Dornen unerreichbar ist. Es wäre schön, auch dieses Land mit Reben bepflanzt zu sehen – bei den schwierigen Anbaubedingungen bleibt das jedoch ein Traum. Hierzubleiben bedeutete für Danila vor allem, auf Qualität und nicht auf Quantität zu setzen. Der biologische Anbau könnte deshalb eine Perspektive für die Zukunft sein. Auch andere, meist Italiener aus dem Norden, haben sich dafür entschieden: Olivenöl, eingelegte Oliven und schwarze Olivenpaste werden auf kleinen Landgütern hergestellt und verkaufen sich in den Bioläden der Großstädte gut.

Das ganze Gebiet zwischen Dolceacqua und Imperia hat eine Geschichte, wie sie für diesen Teil der Ponente typisch ist: In den achtziger Jahren haben viele Norditaliener, Deutsche und Schweizer halbverfallene Häuser aufgekauft und verlassenes Land gerodet. Bordighera, der frühere Nobelort an der Küste, ist längst von Staus und Verkehrslärm geplagt. Wie überall an der Küste führt die alte Via Aurelia, heute Staatsstraße Nummer eins, genau durch das Stadtzentrum. Und natürlich trägt es zur Lebensqualität im wiederentdeckten Hinterland bei, daß das Meer gerade einmal zwanzig Minuten entfernt ist. Zunächst waren die alten Bewohner froh über die neue Einnahmequelle, später hat die Konfrontation mit einem ganz anderen Lebensstil doch an vielen Orten zu einem Verlust der eigenen Identität geführt. Manche der alten Bewohner, an die lange Isolation gewohnt, konnten schwer Schritt halten mit der neuen Zeit und waren erstaunt, was für Menschen plötzlich unter ihnen lebten. Die zahlreichen *foresti*, Fremden, sind Teil einer neuen Realität. Manche haben sich gut integriert, andere hingegen haben kleine Enklaven gebildet. Während in den engen *caruggi* das Gemeinschaftsleben der Vergangenheit noch funktioniert – und die soziale Kontrolle allgegenwärtig ist –, vermitteln die Steinhäuser in den Olivenhainen das Gefühl von Freiheit und Unabhängigkeit.

Fast alle diese Häuser waren früher eine Art Zweithaus, in denen die Familien im Sommer während der Feldarbeit das Essen zubereiteten und manchmal auch übernachteten. Meist lagen sie zirka eine Stunde vom Hauptort entfernt, und es wäre zu aufwendig gewesen, jeden Abend den weiten Weg ins Dorf zurückzulegen. Noch sind die Preise für diese Steinhäuser erschwinglich, doch die Denkmalschutzbehörde wacht streng über die Restaurierung der Häuser. Es gibt nicht wenige Fälle, in denen eine Mauer, die auch nur einen Meter zu weit vorgebaut war, wieder abgerissen werden mußte. Inzwischen haben die neuen und alten Bewohner die Regeln gelernt.

Während Danila erzählt und ihre tiefe Verbindung

zur ligurischen Erde zu spüren ist, fällt ihr immer wieder ihre Großmutter, die Matriarchin, ein. Im Haushalt des Bürgermeisters hatte sie als Dienstmagd angefangen, und ihm irgendwann, als er bankrott ging, einen Teil seiner Felder abgekauft. Ihre Großmutter hat damals vor allem Oliven angebaut. Wer einen Olivenbaum sein eigen nennt, stirbt niemals arm, lautet ein ligurisches Sprichwort.

Oberhalb von Danilas Weinberg zieht die Ruine einer verfallenen Kirche die Besucher beinahe magisch an. Baiardo ist der höchste Ort in Ligurien, Endpunkt eines phantastischen Panoramas, das vom Meer bis zu den Seealpen und dem Apennin reicht. »Haben Sie bemerkt, daß man von hier aus bis nach Frankreich und Cap d'Antibes blicken kann?«

Gabriella Rosafio ist Bürgermeisterin von Baiardo und erzählt mit Blick auf den halbverfallenen, abgelegenen Winkel eine Geschichte, die heute kaum noch zu glauben ist: In den zwanziger Jahren war Baiardo mit seinen inzwischen 350 Einwohnern ein Ort, der den internationalen Elitetourismus angezogen hat. Könige und Aristokraten verbrachten ihren Urlaub hier: ein Luftkurort auf neunhundert Metern über dem Meer, wo das Klima im Sommer wesentlich angenehmer als an der Riviera war. Die alten Leuten erinnern sich noch daran. Es existiert auch ein Foto des noch jungen ägyptischen Königs Farouk, wie er bei einer Wanderung auf einem Felsen ganz in der Nähe Rast macht. Eine Straße dort hinauf ins Dorf wurde zu Beginn des letzten Jahrhunderts erbaut, und die kleinen Pferde mußte man den steilen Weg hinauf mit der Peitsche antreiben. Gabriella Rosafio ist stolz auf ihr Dorf, in dem sie aufgewachsen ist und jeden kennt. Der Landarzt, der für mehrere Dörfer zuständig ist, kommt dreimal die Woche vorbei, ist gleichzeitig Bürgermeister im Nachbardorf und stellt jedes Jahr einen der Heiligen Drei Könige der Weihnachtskrippe dar. Die Krippen aus lebenden Figuren haben in Italien eine lange Tradition, und die Menschen, wie der Landarzt, sind vielseitig.

Von hier sind es nur noch wenige Kilometer bis zur französischen Grenze. Die Nähe zu Frankreich und zum Fürstentum Monaco ist überall in der Gegend zu spüren. »Voilà«, sagt die Bedienung im kleinen Restaurant, wenn sie das gebratene Kaninchen auf den Tisch stellt.

Früher arbeiteten viele Dorfbewohner im nahen Monaco. An der Küste gab es durch den Tourismus schon immer mehr Arbeitsplätze als in den Bergen. Ein ehemaliger Croupier, der in Baiardo lebt, erzählt, daß seine Jacke an vielen Stellen löchrig war. Lange Zeit war Monaco das Armenhaus an der Küste. Erst mit Grace Kelly und den amerikanischen Dollars wurde Monaco zum internationalen Ort des Jet-Sets und zum Steuerparadies. Der lokale Dialekt ist mit vielen französischen oder genauer gesagt provenzalischen Elementen durchsetzt. *Au travail* sagen die Leute, wenn sie zur Arbeit gehen. *Franchi*, und nicht *lire*, hat man im ligurischen Dialekt das Geld genannt. Am Meer entlang führten die alten Handelsstraßen Liguriens bis in die Provence, während die Salzstraße von hier aus in Richtung Piemont, in die Lombardei und von dort nach Nordeuropa zog.

Dem Elitetourismus trauert die Bürgermeisterin nicht nach. Geblieben davon sind die hundertvierzig Villen, die in den Wäldern verstreut meist Italienern aus dem Norden gehören.

Gabriella Rosafio ist eine tatkräftige Frau und hat sich für Baiardo zwei Strategien für die Zukunft ausgedacht. Einmal will sie den Olivenanbau fördern, und gleichzeitig sollen mit einem *polo tecnologico*, dem Ausbau des Informatiksektors, Arbeitsplätze gesichert werden. Nur dann könnte die Gegend für junge Familien wieder attraktiv werden. Ein Zukunftstraum, aber die ersten Schritte – die Sanierung der Gebäude und der Antrag auf europäische Fördermittel – sind getan.

Die Olivenbäume haben hier eine außergewöhnliche Qualität und sind frei von der *mosca*, der lästigen Olivenfliege, wie sie die Bäume häufig im warmen Klima der Küste befällt. Um den Anbau zu fördern, hat die Gemeinde eine alte Ölmühle wieder hergerichtet. *A sangue*, mit Blut, wurde die Ölmühle früher betrieben, eine grausam klingende Bezeichnung, die bedeutet, daß ein Esel den schweren Mahlstein ziehen mußte.

Schon im achten Jahrhundert haben Benediktinermönche die Ölbäume an die Levante-Küste und zwei Jahrhunderte später an die Ponente gebracht. Selbst die beiden wichtigsten Sorten, die Taggiasca- und die Lavagnina-Olive, sind nach den Städten Taggia und Lavagna benannt, wo sie hinter Klostermauern angebaut wurden. Seitdem ist vor allem die Ponente eines der wichtigsten Anbaugebiete für gutes Olivenöl. Seine Geschichte ist in einem eigenen Museum in Imperia dokumentiert. Durch ganz Westligurien, in die Berge hinauf, führt heute die »Straße des Öls«. Selbst viele junge Leute, die längst nach Mailand oder Turin gezogen sind, kommen zur Ernte hierher zurück. Es sind kleine Dorfgeschichten, die Gabriella Rosafio auf dem Weg durch Baiardo erzählt, die jedoch das Leben hier entscheidend geprägt haben: In den fünfziger Jahren gab es hier einen Priester, der die Schulbildung der Kinder sehr gefördert hat. Viele haben die Universität besucht und arbeiten im Norden in angesehenen Berufen. Aber zur Olivenernte kommt auch der Architekt aus Turin zurück in sein Heimatdorf.

An der Ponente wird mit den traditionellen Netzen geerntet, in die die reifen Oliven fallen. Meist sorgt der nächtliche Wind dafür, daß die Netze am nächsten Morgen voll sind. Dann werden die Netze hochgezogen, die Früchte in Jutesäcke gefüllt und ein gutes Stück zu Fuß zur nächsten Ölmühle transportiert. Wie in der Toskana ist hier aber auch das

Abschlagen mit Kastanienstöcken sehr verbreitet, das allerdings die Rinde beschädigen kann. Generell brauchen Olivenbäume wenig Pflege, und ihre Kronen werden nur alle paar Jahre einmal geschnitten. Das ist wichtig, damit die Sonnenstrahlen gleichmäßig in die Zweige und Äste dringen können. Obwohl viele Anbauer die Ölbäume nicht bewässern, hat die Bürgermeisterin ein Bewässerungssystem für die Haine geplant – zur Verbesserung der Qualität.

In den Dörfern legen die Frauen ein paar Kilo Oliven in *salamoia*, Salzlake, ein: Dreißig Tage lang werden den schwarzen Früchten durch täglich erneuertes Wasser die Bitterstoffe entzogen, bevor man sie in mit Meersalz aufgekochtem Wasser aufbewahren kann. Dieses uralte Rezept werden bald die jungen Besucher aus aller Welt lernen: Unterhalb der verfallenen Kirche, die Ende des neunzehnten Jahrhunderts durch ein Erdbeben zerstört wurde, hat man eine internationale Sprach- oder besser gesagt »Kulturschule« eingerichtet. Auch typisch ligurische Rezepte sollen die jungen Leute hier lernen. Ein Junge aus Baiardo hat sich gerade in eine Australierin verliebt, der Austausch mit der Welt, sagt Gabriella Rosafio, wird auch an diesem einsamen Ort nicht aufzuhalten sein. Und möglicherweise kann auch ihr Traum von einer Zukunft für Baiardo in Erfüllung gehen. Denn vielleicht werden die Menschen in unserer hektischen Zeit bald wieder die Stille suchen.

Wie sah es hier in der Vergangenheit aus? Und wie kamen die Menschen überhaupt auf den Gedanken, sich an so einsamen Orten niederzulassen? Die Dörfer im ligurischen Hinterland sind meist auf den Überresten von vorrömischen Burgen, den *castellari*, entstanden. Hier herauf in die Berge sind die Bewohner geflohen, wenn die Überfälle an der Küste zu einer nicht mehr kontrollierbaren Gefahr wurden. In der Vergangenheit waren viele dieser Bergdörfer reiche Marktstädte, die durch ihre Weideflächen, die Viehzucht und den Holzhandel wohlhabender als die Städte an der Küste waren. Die reichen Wälder Liguriens lieferten das Material, um in Pisa oder Genua schnelle Galeeren zu bauen. Auch das Klima war in den Bergen besser zu ertragen als an der Küste.

In der Abenddämmerung bietet der Himmel zwischen Seealpen und Meer einen überwältigenden Anblick: ein immenser Raum, in dem man dem Himmel ein Stück näher ist. Am höchsten Punkt von Baiardo ragt eine imposante Ruine hinauf. Die Kirche San Niccolò ist auf den Überresten eines heidnischen Tempels entstanden: ein Ort, und das spürt man noch heute, an dem man, egal zu welcher Zeit, mit den Göttern sprechen kann. Im ganzen Gebiet von Dolceacqua, dem Hauptort der Region, haben Mythen und Geschichten den Wandel der Zeit überdauert. In Dolceacqua, erzählt man heute noch, übten die Fürsten Doria das *ius primae noctis*, das Recht der ersten Nacht, aus. Eine junge Frau hatte den Fürsten so betört, daß er mit süßem Gebäck, den *michette*, Vorlieb nahm und auf sein Recht verzichtete. Das Datum des Ereignisses und das Gebäck sind noch heute Anlaß für ein ausgelassenes Fest. Eine weitere Geschichte ist im Museum von Apricale dokumentiert, vielleicht bezeichnend für die Geschichte der ganzen Gegend: Protagonistin ist die schöne Anna Bellami, die als armes Bauernmädchen einen Schmuggler aus der Gegend geheiratet hat. Das war um die Mitte des neunzehnten Jahrhunderts, als der Schmuggel über die französische Grenze florierte und eine normale Art des Broterwerbs war. Nach der Verhaftung des Schmugglers mußte sich Anna als Magd in einem adligen Haushalt an der Küste verdingen. Dort lernte sie den Fürsten von Delatour kennen, der sie heiratete. Das Mädchen aus Apricale wurde eine bekannte Gestalt in der Welt des Adels und landete schließlich am Hof des Zaren.

Nach dem Tod des Fürsten kehrte sie zu Besuch in die Berge ihrer Heimat zurück und wurde dort von ihrem ersten Mann ermordet, der sich unmittelbar danach das Leben nahm. Zwischen Parfumflakons, Fotos und seidenen Kleidern ist die Geschichte von Anna Bellami, der schönen Contessa, im Museum von Apricale dokumentiert. An der Riviera, dem Landstrich mit dem steinigen Boden und dem überwältigenden Blick über das Meer, hat man schon immer zwischen den Welten gelebt.

Bereits erschienen:
Gebrauchsanweisung für ...

Amerika
von Paul Watzlawick

Bayern
von Bruno Jonas

die Bretagne
von Jochen Schmidt

Deutschland
von Maxim Gorski

das Elsaß
von Rainer Stephan

England
von Heinz Ohff

Florenz
von David Leavitt

Griechenland
von Martin Pristl

Hamburg
von Stefan Beuse

Irland
von Ralf Sotscheck

Italien
von Henning Klüver

Japan
von Gerhard Dambmann

Mallorca
von Elfie Donnelly

München
von Thomas Grasberger

Paris
von Edmund White

Portugal
von Eckhart Nickel

Schottland
von Heinz Ohff

die Schweiz
von Thomas Küng

Spanien
von Paul Ingendaay

Südengland
von Elke Kößling

Südfrankreich
von Birgit Vanderbeke

Sydney
von Peter Carey

Tibet
von Uli Franz

die Toskana
von Barbara Bronnen

Tschechien und Prag
von Jiří Gruša

die Türkei
von Iris Alanyali

Venedig
von Dorette Deutsch

Wien
von Monika Czernin

PIPER

Barbara Bronnen

Gebrauchsanweisung für die Toskana

183 Seiten. Gebunden

Wir alle lieben die Toskana und wollen dorthin, wo es aromatischen Montepulciano gibt, Kastanienhonig und Wildschweinragout. Wir tragen die Bilder von der Toskana in uns, genießen die Sonne und die Maremmenluft. Über sanfte Hügelketten und durch malerische Zypressenalleen bereisen wir unser Sehnsuchtsland. Wir suchen die gute toskanische Küche und die wohltuende Ruhe der Provinz, wir schlendern durch die schicken Boutiquen von Florenz und bewundern die mittelalterlichen Türme von San Gimignano. Auch Barbara Bronnen hat sich verliebt in die Landschaft und ihre Menschen, sie hat das legendäre Pferderennen in Siena besucht und sich entschieden, jedes Jahr wiederzukommen. Sie erzählt uns von toskanischem Eigensinn und dem lustvollen Leben zwischen Pisa und Florenz, Arezzo und Carrara.

01/1356/01/L

PIPER

Dorette Deutsch

Gebrauchsanweisung für Venedig

191 Seiten. Gebunden

Venedig – eine der faszinierendsten Städte der Welt. Aber die Serenissima hat mehr zu bieten als Gondolieri, Goldmosaiken und die Tauben auf dem Markusplatz. Dorette Deutsch führt den Leser mitten hinein in das venezianische Leben: Der Kapellmeister von San Marco verrät die Geheimnisse der schönsten Basilika der Welt, Andrea, der passionierte Koch aus dem »Bancogirone« weiß noch, wie auf Murano der traditionelle Aal in Lorbeer zubereitet wird, und Anna, die mit ihrer Familie in einem gotischen Palazzo wohnt, erzählt vom Alltag auf den Kanälen. Ihre Geschichten erklären, warum ein Glas Wein auf venezianisch »ombra«, Schatten, heißt, warum die Fischerhäuser auf Burano gelb und blau angestrichen sind und in welchen Booten venezianische Bräute in die Kirche fahren.
Dorette Deutsch entführt uns in die jahrhundertealte Stadt auf dem Wasser, in der Gestern und Heute im schimmernden Licht der Lagune miteinander verschmelzen.

01/1355/01/R